中原经济区建设热点问题解读

丁志伟　王发曾　主编

图书在版编目（CIP）数据

中原经济区建设热点问题解读/丁志伟，王发曾主编．
北京：中国经济出版社，2016.1（2025.6 重印）
ISBN 978-7-5136-4103-6

Ⅰ．①中… Ⅱ．①丁… ②王… Ⅲ．①区域经济发展—研究—河南省
Ⅳ．①F127.61

中国版本图书馆 CIP 数据核字（2015）第 304837 号

责任编辑 丁 楠
责任审读 贺 静
责任印制 马小宾
封面设计 久品轩

出版发行 中国经济出版社
印 刷 者 三河市同力彩印有限公司
经 销 者 各地新华书店
开　　本 710mm×1000mm 1/16
印　　张 12.75
字　　数 203 千字
版　　次 2016 年 1 月第 1 版
印　　次 2025 年 6 月第 2 次
定　　价 69.80 元
广告经营许可证 京西工商广字第 8179 号

中国经济出版社 **网址** www.economyph.com **社址** 北京市东城区安定门外大街 58 号 **邮编** 100011
本版图书如存在印装质量问题，请与本社销售中心联系调换（联系电话：010-57512564）

《中原经济区建设的热点问题解读》

编　委　会

主　编　丁志伟　王发曾

编　委　丁志伟　王发曾　刘静玉
　　　　张改素　毛　达

序

经济区是在劳动地域分工基础上，以中心城市为核心辐射带动综合影响区经济社会发展，在全国经济发展大局中担负某种专门化职能的地域综合体。在经济全球化和区域经济一体化格局下，经济区作为我国城镇化进程中的重要承载平台，成为参与全球经济竞争和推进“五化”协调发展的重要地域单元。当前，我国的环渤海经济区、珠江三角洲经济区、京津冀经济区、海峡西岸经济区、北部湾经济区、关中—天水经济区以及本书解读的中原经济区，在促进地区经济社会发展的影响和地位日益突出，成为带动我国经济新常态背景下区域经济快速发展的重要增长板块。

20 世纪 80 年代以来，以河南为核心的中原地区就已形成了多形式、多层次的区域经济合作。具有代表性的是，1985 年，晋东南、冀南、鲁西北以及豫北等接壤地区的 13 个市自发形成了区域性经济合作组织“中原经济协作区”，促进了晋、冀、鲁、豫邻接区域的合作发展，被称作“小中原经济区”。进入 21 世纪以来，以郑州为核心的中原地区的经济社会交流日益密切，河南省与周边地区的联动发展格局日益明显，组建中原经济区谋求区域共同发展的呼声越来越高。2010 年河南省委、省政府组织课题组研究中原崛起问题，并提出了建设中原经济区的重大战略导向。在政府部门、学术界以及新闻媒体等多方力量的参与下，在中原儿女的呼唤下，2011 年 9 月 28 日国务院出台《关于支持河南省加快建设中原经济区的指导意见》，中原经济区正式上升为国家战略。自此以后，中原经济区建设成为实现中原崛起、河南振兴、富民强省的重要载体平台，也成为托举中部崛起的重要增长板块，在全国经济发展格局中扮演了越来越重要的角色。

时至今日，中原经济区建设走过了四个年头，中原经济区已由最初的谋划进入了如火如荼的建设阶段，中原经济区建设的美好蓝图也在逐步实现。在见证中原经济区成长的过程中，作为当时谋划中原经济区战略的重要参与者，解读中原经济区建设的热点问题，普及中原经济区建设的相关知识，对于河南大学环境与规划学院“城市—区域综合发展”研究团队而言是十分荣耀的。这是因为，作为中原学者承担《中原经济区建设热点问题解读》社会科学普及项目，不仅是一份义不容辞的责任，也是一份沉甸甸的中原担当，更是中原儿女应尽的一份贡献。

《中原经济区建设热点问题解读》以我们“城市—区域综合发展团队”以往关于中原经济区建设的研究为基础，结合国务院、河南省委省政府以及相关部门出台的关于中原经济区建设的政策文件精神，按照社会科学普及项目的内容要求由浅入深、图文并茂的进行解读，经过作者们的学术凝练、观点完善、结构优化、反复推敲，最终呈现在各位读者面前。该书首先解读中原经济区建设的由来、发展历程、战略过程，之后分析中原经济区建设的时代意义、战略高度和关键问题，最后对中原经济区建设的空间布局、核心板块建设、现代化建设、郑州航空港经济综合实验区建设、“一带一路”建设、“一个载体、四个体系”建设等热点问题展开解读，在分析现状、诠释意义的基础上提出了中原经济区建设热点问题的建设路径。

中原经济区作为国家经济空间格局中重要增长板块，是河南省实现全面建成小康社会与实现中原崛起、河南振兴、富民强省的重要承载平台，是引领区域经济发展和推进新型城镇化的战略平台。解读中原经济区建设的热点问题对中原儿女更深刻地理解中原地区的发展脉搏意义重大。该书提出的脉络体系与解读内容，既具有一定的系统性、创新性和实用性与重要的学术、科研价值，又符合中原经济区建设热点问题解读的知识普及要求，是一本研究中原经济区建设颇具价值的基础工具书。该书的出版，一方面能加深普通民众对中原经济区建设热点问题的深度理解，又能为从事中原经济区城市体系建设、空间布局优化、“三化”协调发展、郑州航空港经济综合实验区、“一带一路”战略等方面的科研人员和相关政府职能人员提供理论支撑，也能为破解中原经济区建设的相关问题提供实践支撑。

值此《中原经济区建设热点问题解读》付梓之际，特为之作序。

王发曾

2015 年 10 月于河南大学

目录
CONTENTS

第一章

中原经济区的由来与范围

中原经济区建设是河南省实现中原崛起、河南振兴、富民强省的重大区域战略，是中原儿女实现“中原复兴梦”的战略选择。“中原”一词在上述表达中被多次提及，在国内外公开文献中也被广泛采用，那么，什么是中原？什么是中原地区？什么是中原经济区？本章在参考国内外众多有关中原、中原地区、中原经济区建设的文献，梳理和总结中原经济区的由来与范围，以期为客观地认识中原经济区打下理论基础。

一、中原

中原，从普通大众理解看，是华夏文明的发源地和中原文化的一种表征。从《辞源》上看，中原是表示中华文明的发源地、中华文化的象征，是正统中华文化的代名词。

中原，是我国政治军事、经济社会、历史地理乃至科技文化的一个非常重要的地域概念，“中原支国脉，中原系民心”，中原的辉煌是国之大幸，中原的没落是国之悲哀，中原的崛起是国人，更是中原儿女的期盼。

中原，从地理范围看，顾名思义就是处在中央的一块平地。从词意本源来看，为“天下至中的原野”，是指以我国中部的河洛地区为中心的黄河中下游地区，范围相当于今河南省及其周边地区。中原是中华文明的发祥地，是华夏民族的摇篮，是汉民族祖居地，也称作中国、中土、中夏，被视为天下之中。中原地域随着华夏民族的大融合以及中原文明的扩展而蔓延至今，一些周边地区也被纳入中原文化区。

研究表明，“中”字最早出现在殷墟甲骨文，意为徽帜；“原”字最早出现在西周金文，意为“广平曰原”。“中”与“原”连在一起作为单词使用，最早出现于《诗经》，指宽广平坦之地即平原或原野，是一个通用的地理名词。大约在春秋时期出现了特指的中原地域概念，直至魏晋，中原地区作为一个相对完整、固定的地理概念逐渐为人们所接受。历史上，中原地理范围变迁较大的主要有七个时期：史前时期（裴李岗文化——夏代时期）、夏商周时期、秦汉时期、魏晋南北朝隋唐时期、宋金时期、元明清时期、近现代时期。

从夏朝到宋金时期的3000多年间，中原一直是中国政治、经济和文化的中心，先后有200多位帝王建都或迁都于此。自古就有“得中原者得天下”之说，逐鹿中原，方可问鼎天下。中国的八大古都中，中原地区占据四个，分别是洛阳、开封、郑州和安阳。

二、中原地区

一般来讲，广义的中原地区是指黄河中下游地区，狭义的中原地区是指以河南为主要范围的地区或者仅指河南省。但作为特定地域概念的中原，历史所指范围并不一致。依据中原地区历代政区的变迁和文化影响，大致可以将中原的四至界定为：西临华山，北至太行山—漳河一线，南界沔水—淮河一线，东达泰山—泗水一线。有学者以此为基础，界定出了“中原”的大致范围（图1－1），主要包括现在的河南省全部，河北邯郸以南，湖北枣阳、襄樊、郧县以北（襄阳以北与南阳联系密切，曾属南阳管辖），陕西华山以东（包括洛南），山西临汾以南（运城地区），山东菏泽、聊城以西，安徽亳州市、宿州市以及江苏徐州市、宿迁市所辖区域。

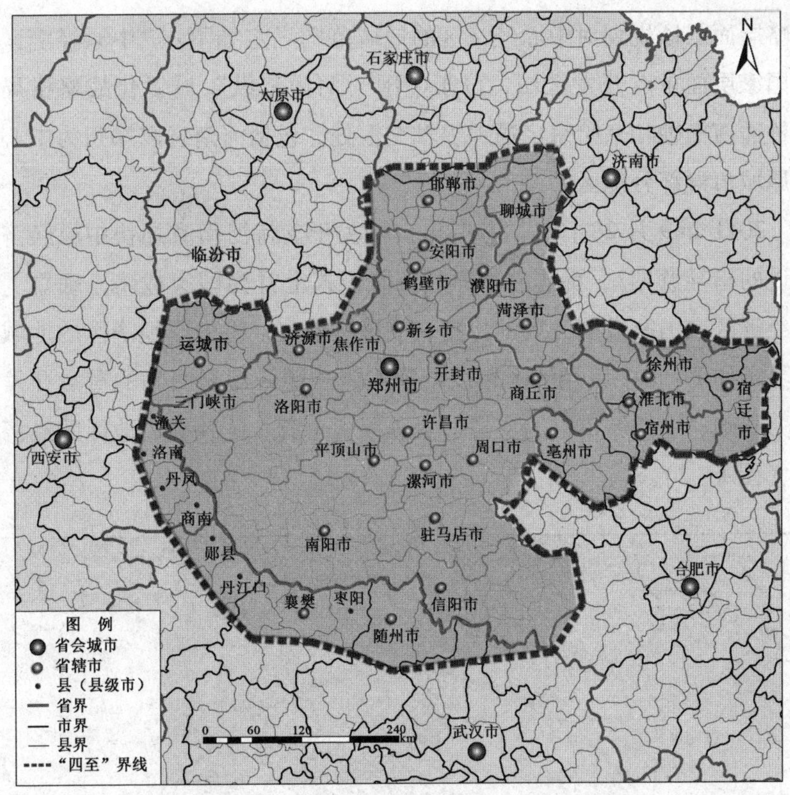

图 1-1　“中原”的大概位置

三、中原经济区

（一）政策文件的中原经济区

2010 年以来，河南省建设“中原经济区”的战略构想日益清晰，并得到社会各界的广泛认同。

从 2010 年 11 月，省委八届十一次会议审议并通过了《中原经济区建设纲要（试行）》，并上报国务院。该纲要指出：“中原经济区是以全国主体功能区规划明确的重点开发区域为基础、中原城市群为支撑、涵盖河南全省、延及周边地区的经济区域。”

2011 年 1 月 26 日，国务院印发《全国主体功能区规划》，首次将中原经济区纳入国家层面的重点开发区域，中原经济区正式上升到国家战略层面。该规划对中原经济区的地域范围界定如下：“中原经济区作为国家层面重点开发区域，位于中国“两横三纵”城镇化战略格局中陆桥通道横轴和京哈京广通道纵轴交汇处，包括河南省以郑州为中心的中原城市群部分地区。”

2011 年 9 月 28 日，国务院出台《关于支持河南省加快中原经济区建设的指导意见》，标志着中原经济区正式上升为国家战略，确立了中原经济区在国家发展大局的位置。在该文件中，将中原经济区的地域范围界定如下：“中原经济区是以全国主体功能区规划明确的重点开发区域为基础、中原城市群为支撑、涵盖河南全省、延及周边地区的经济区域（图 1－2）。”

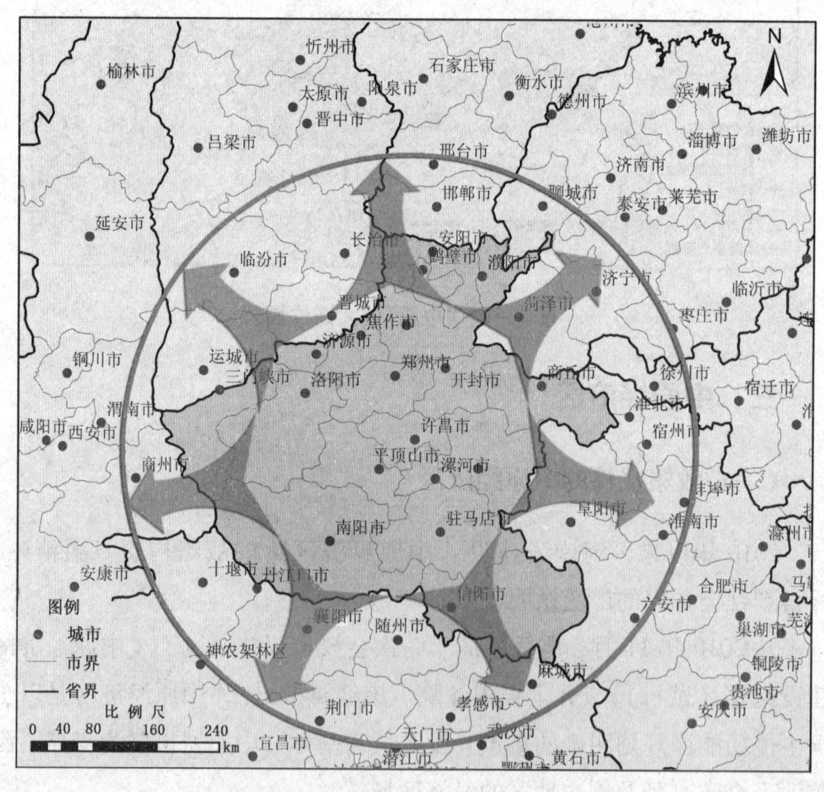

图 1－2 河南省延及周边区域

2012 年 11 月，国务院正式批复《中原经济区规划 2012—2020》，标志着河南省建设中原经济区正式步入正轨并拥有了国家层面的纲领性文件。该规划对中原经济区的地域范围界定如下：“中原经济区是以全国主体功能区规划明确的重点开发区域为基础、中原城市群为支撑、涵盖河南全省、延及周边地区的经济区域，地理位置重要，粮食优势突出，市场潜力巨大，文化底蕴深厚，在全国改革发展大局中具有重要战略地位。”该规划进一步对中原经济区的规划区范围进行了界定：“包括河南省全境，河北省邢台市、邯郸市，山西省长治市、晋城市、运城市，安徽省宿州市、淮北市、阜阳市、亳州市、蚌埠市和淮南市凤台县、潘集区，山东省聊城市、菏泽市和泰安市东平县，区域面积 28.9 万平方公里（图 1－3）。”

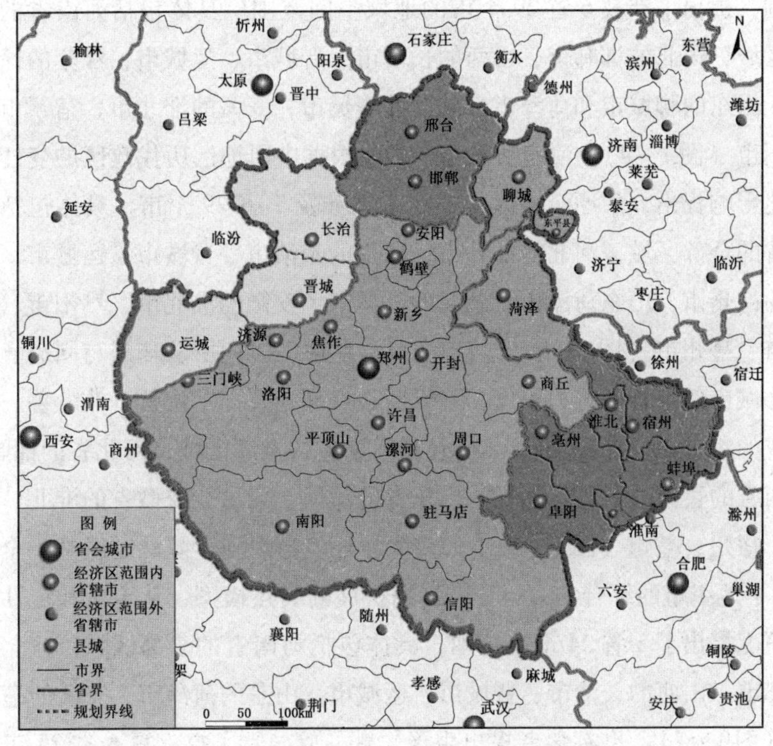

图 1－3 《中原经济区规划 2012—2020》的规划范围

2013 年 1 月，河南省政府常务会议上获得通过了中原经济区国土规划编制工作领导小组办公室编制的《中原经济区国土规划（河南部分）(2011—2030)》，标志着河南省建设中原经济区有了具体的规划支撑。该规划对中原经济区的地域范围界定如下："中原经济区是涵盖河南全省、延及与河南毗邻的晋东南、鲁西南、冀南、皖北部分地区的经济区域，在全国改革发展大局中具有重要战略地位，也是我国国土开发总体格局的重要组成部分。"

（二）学术界的中原经济区

在国务院《关于支持河南省加快中原经济区建设的指导意见》出台之前，政府部门和学术界针对中原经济区的区域范围进行了大量研究。河南省委、省政府领导下的中原经济区课题组根据郑州的辐射影响范围，提出了涉及6省29个市的地域空间范围。具体包括河南省的全部区域，河北的邯郸市，山西的长治市、晋城市、运城市，江苏的徐州市，山东的聊城市和菏泽市，湖北的襄樊市，安徽的淮北市、宿州市和阜阳市（图1－4）。河南省社会科学院根据中原地区历代政区的变迁和文化影响提出，中原经济区的空间范围涉及7省29个市，具体包括河南省的全部区域，河北的邯郸市，山西的长治市、晋城市、运城市，江苏的徐州市，山东菏泽市，湖北的襄樊市，安徽的淮北市、阜阳市、宿州市、亳州市（图1－5）。河南省科学院地理研究所从郑州与周边省份省会城市的综合影响力出发，基于断裂点理论提出了由晋、冀、鲁、豫组成的4省29市的范围，具体包括河南省的全部区域，河北省的邯郸，山西省的长治、晋城、运城，山东省的菏泽、聊城，安徽省的淮北、阜阳、宿州、亳州（图1－6）。河南大学环境与规划学院课题组基于全国287个地级市的综合实力得分，运用扩展断裂点模型，从定量和定性两个角度提出了5省24市的范围，具体包括河南省的全部区域，河北的邯郸市，山西的长治市、晋城市、运城市，山东的菏泽市，安徽的亳州市（图1－7）。也有学者提出由豫、鄂、皖、晋、鲁、冀6省25市组成的地域范围，具体包括河南省的全部区域，山西的长治、晋城、运城，河北的邯郸、邢台，山东的菏泽，安徽的淮北、宿州、亳州和阜阳（图1－8）。此外，还有一些范围界定的方案，在这里就不一一赘述了。

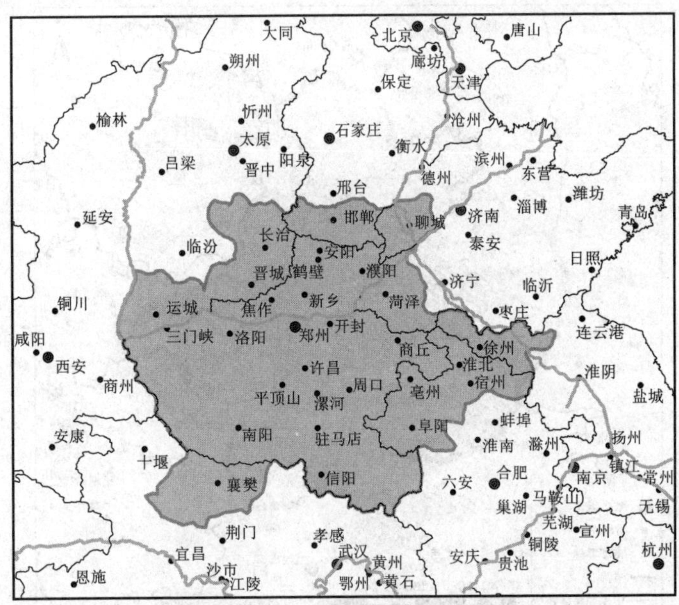

图1－4　河南省委、省政府中原经济区研究课题组界定的空间范围

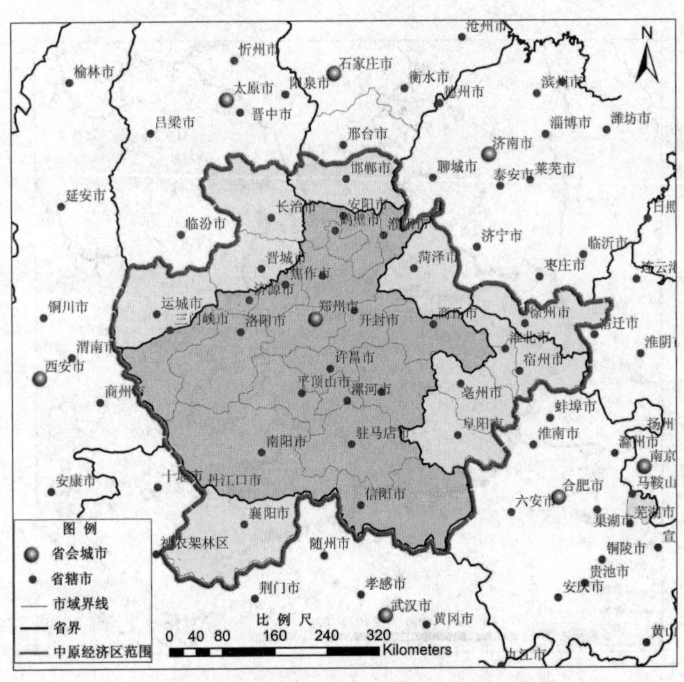

图1－5　河南省社会科学院界定的空间范围

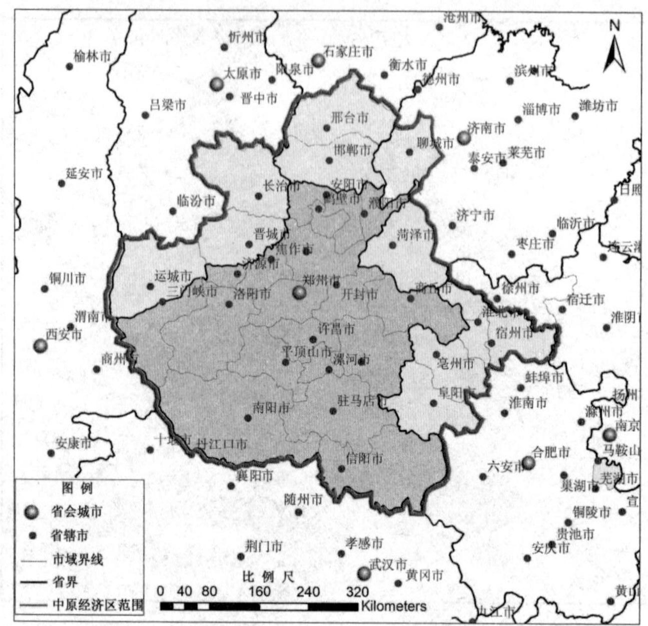

图 1-6 河南省科学院地理研究所界定的空间范围

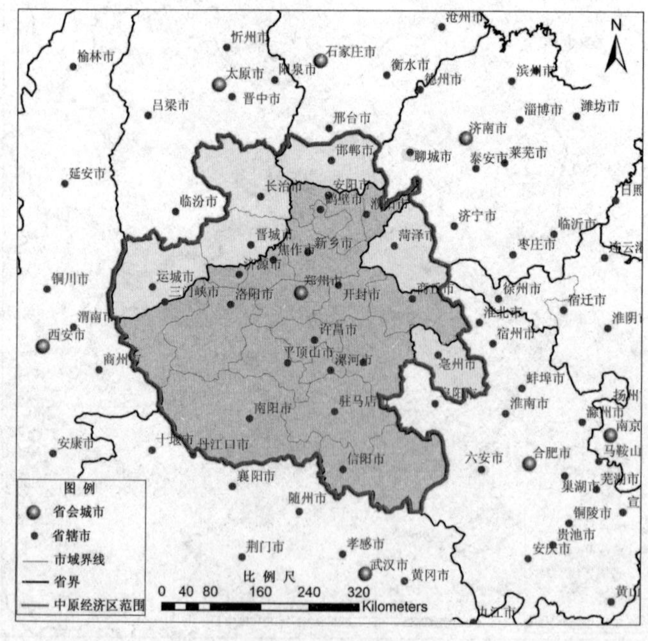

图 1-7 河南大学环境与规划学院界定的空间范围

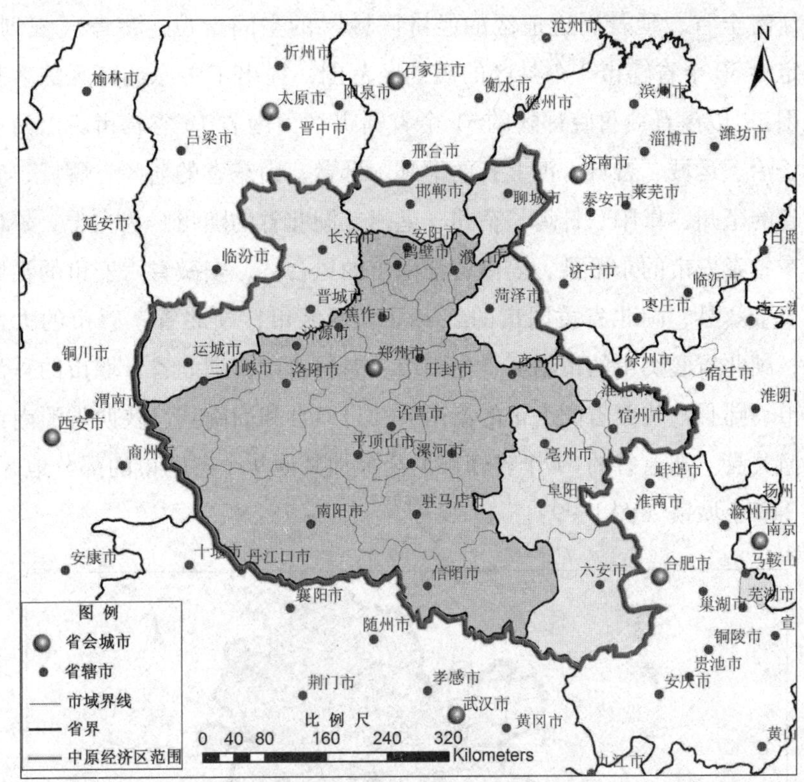

图 1－8　其他学者提出的界定范围

从“中原”的历史定位和有关范围界定方案看，以上论述均为中原经济区的范围界定提供了有力的支撑。因此有学者认为：“中原”有大中原与小中原之分，中原经济区也应有大小之分。大中原经济区包括河南省的全部、安徽省的西北部、山东省的西南部、河北省的南部和山西省东南部的广大中原地区；小中原经济区主要是指河南省。甚至有学者认为按照经济运势形成的经济区是不断在变化发展当中的，很难有固定的界线，建议中原经济区应有一个“弹性的边界”。

2014 年，河南大学丁志伟博士基于上述中原经济区地域范围界定的研究成果，考虑到中原的历史定位和扩展断裂点模型计算的定量化结果以及经济区核心城市郑州的辐射范围，结合《指导意见》中“以全国主体功能区规划明确的重点开发区域为基础、中原城市群为支撑、涵盖河南全省、延及周边地区的经济区域”的空间定位，参考《规划》确定的30个省辖市3个县区的规划区范围，提出了中原经济区的客观范围：“以豫晋冀鲁皖鄂陕的31个省辖市（河南省18省辖市，山西省的长治、运城、晋城，河北省的邯郸、邢台，山东省的菏泽、聊城，安徽省的亳州、阜阳、蚌埠、宿州、亳州，湖北省的随州）为主干，外加山东省泰安市的东平县，安徽省淮南市的凤台县，安徽省六安市的霍邱县、金寨县，湖北省黄冈市的红安县和麻城市，湖北省孝感市的大悟县，湖北省襄樊市的市辖区、枣阳市、老河口市，湖北省十堰市的丹江口市、郧县，陕西省商洛市的洛南县、丹凤县和商南县，陕西省渭南市的潼关县。即七省的31个省辖市的全部加其他9个省辖市的部分地区，共248个城镇（图1－9）。”

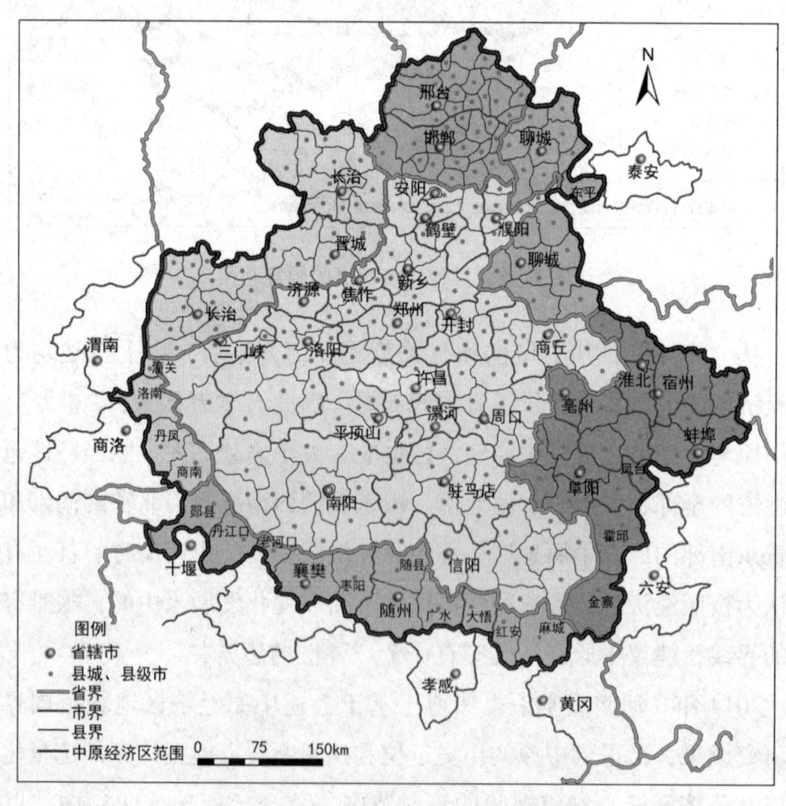

图1－9　中原经济区的客观地域范围

四、小结

根据上述中原、中原地区和中原经济区的有关知识论述，不难发现，中原经济区是以河南为主体延及周边且客观存在的一片区域。中原经济区战略不仅是河南省实现中原崛起、河南振兴的重大战略支撑，更是国家优化区域经济空间格局的重大方略。因此，通过对中原经济区深刻而生动、通晓而形象的论述，可以让关心中原地区发展的普通民众了解中原地区的由来和地域空间变化，明晰中原经济区在全国格局的定位，认知中原经济区建设的战略意义，能帮助普通大众准确地把握中原地区的发展脉络。

第二章

中原经济区战略的形成

2011 年 9 月 28 日，国务院出台《关于河南省加快中原经济区建设的指导意见》，标志着中原经济区正式上升为国家战略，确立了中原经济区在国家发展大局的位置。那么，中原经济区战略在河南省是如何逐步形成的？河南省又是怎么将中原经济区战略逐步上升到国家层次？国家有关部委又是如何规划建设中原经济区的？本章从中原经济区战略的孕育、诞生、成长等方面进行介绍，以期让人们更为清晰地了解中原经济区战略的形成过程。

一、2010 年之前的孕育

1978 年改革开放以来，在共同的地缘文化背景下，中原地区的经济协作更加广泛，20 世纪 80 年代，以河南为核心的中原地区就已经形成了多形式、多层次的区域经济合作。1985 年，晋东南、冀南、鲁西北以及豫北等接壤地区的 13 个市自发形成了区域性经济合作组织“中原经济协作区”，也就是我们简称的“小中原经济区”。该经济合作组织的 13 个成员分别是长治市、晋城市、邯郸市、邢台市、聊城市、菏泽市、临清市、新乡市、焦作市、濮阳市、济源市，这 13 个成员组成了跨省区的区域性经济合作组织。按照共同协商、平等自愿等原则，该合作组织形成了共同的章程。按照章程规定，各成员市市长均为经济区主席，执行主席方的市长为执行主席，执行主席方为轮换制，每年一轮换，一年一市。该合作组织为晋东南、冀南、鲁西北以及豫北地区的经济融合、社会交流、科技合作等方面打下了很好的基础。

1986年，河南省周口市、商丘市与江苏省徐州市、淮安市、安徽省阜阳市、山东省菏泽市等豫皖苏鲁接壤地区的20个市组成了“黄淮经济协作区”；同年，河南省三门峡市、山西省运城市、临汾市和陕西省渭南市建立了“晋陕豫黄河三角经济协作区”。这些区域性的经济协作区为豫西、豫东的重要地区的合作平台，对河南省向外拓展空间相互作用创造了条件，也加强了省际边缘区对外的经济与贸易合作。

20世纪90年代以来，河南省依托主要的中心城市和交通干线，逐步拓展区域生产力布局，逐步确立了以郑州为中心的中原城市群发展战略，并使之成为河南省经济发展的核心经济地带。同时，河南省从区内的资源优势和经济优势出发，将城市建设与区域经济发展统一考虑，将城乡发展、产业结构调整、经济活力提升等方面互促共建，逐步形成了分工合理、优势互补、协调发展的区域经济发展格局。在这种经济发展格局的带动下，河南省对外联系的强度进一步提升，与周边省份的经济、社会、科技、文化等方面的合作进一步加强。

21世纪以来，河南省以中部崛起战略为依托，在适应国家战略布局的同时不断调整自身的区域经济布局。一方面，不断壮大区域中心城市的实力，加快中原城市群的建设步伐，实施中心带动战略，完善了河南省的城镇体系建设；另一方面，融入国家的中部崛起战略，大力实施东引西进战略，加强了与东部地区的合作，拓展了西部市场的潜力。此外，在社会主义市场经济体系的开放格局引领下，重视豫北、豫南、豫东、豫西等地区的优势产业发展，不断壮大省内特色产业集群，不断扩容城市规模，努力构建现代城镇体系和现代产业体系，区域经济一体化水平、城乡一体化水平和区际联系的程度进一步加强。在内聚外联不断增强的影响下，中原经济区建设在河南省的区域战略决策也逐渐明朗起来。

2010年全国“两会”期间，河南省委明确提出要研究“什么是中原”“什么是中原崛起”“为什么要中原崛起”“怎么实现中原崛起”“河南能否走在中部地区崛起前列”等重大问题。根据河南省委意见，河南常务副省长李克同志立即组织省发展和改革委员会研究具体工作方案，组建课题组研究上述重大发展问题。课题组涉及19家单位，课题组成员既有省内的资深学者，又有主要政府职能部门负责人，加上工作人员共计50余人。

2010年3月23日开始，课题组分成五个小组，针对“什么是中原”“什么是中原崛起”“为什么要中原崛起”“怎么实现中原崛起”“河南能否走在中部地区崛起前列”等问题进行了深入研究，最终形成了《构建中原经济区加快中原崛起初步研究》《关于新型城镇化问题的初步研究》两个综合研究报告。

2010年7月2日，课题组对五个课题小组的研究成果进行汇编，形成了《关于河南省建设中原经济区初步设想的汇报》《关于建设中原城市群“三化”协调发展示范区的汇报》《关于河南省建设新型城镇化示范区初步设想的汇报》三个汇报稿，正式提交河南省委常委扩大会议研究。会议正式提出了建设中原经济区、加快中原崛起和河南振兴的战略构想。明确要求进一步深入研究，丰富完善战略构想，适时启动中原经济区建设纲要的编制工作。

2010年11月，河南省委八届十一次会议审议并通过了《中原经济区建设纲要（试行）》，并上报国务院。

二、2011年的诞生

2011年初，国务院印发《全国主体功能区规划》，中原经济区被纳入全国重点开发区域，与冀中南地区、太原城市群、呼包鄂榆地区、哈长地区、东陇海地区、江淮地区、海峡西岸经济区、中原经济区、长江中游地区、北部湾地区、成渝地区、黔中地区、滇中地区、藏中南地区、关中—天水地区、兰州—西宁地区、宁夏沿黄经济区、天山北坡地区等共同列入国家重点进行工业化城镇化开发的城市化地区。在《全国主体功能区规划》中，将中原经济区的功能定位如下：全国重要的高新技术产业、先进制造业和现代服务业基地，能源原材料基地、综合交通枢纽和物流中心，区域性的科技创新中心，中部地区人口和经济密集区。这标志着中原经济区开始出现在国家战略层面的文件，中原经济区建设得到了国家区域发展战略的认同。

2011年3月，中原经济区被纳入国家国民经济与社会发展第十二个五年规划，在实施区域发展总体战略中的“大力促进中部崛起”章节，明确提出要重点推进太原城市群、皖江城市带、鄱阳湖生态经济区、中原经济区、武汉城市圈、环长株潭城市群等区域发展。这标志着中原经济区战略已成为我国中部发展的重要增长板块，中原经济区建设成为实现中部崛起的重点支撑区域。

2011年9月28日，国务院《关于支持河南省加快中原经济区建设的指导意见》正式颁发，10月7日中央电视台新闻联播第一条播出消息，10月8日在各大媒体公布。在该意见中，明确提出了中原经济区建设在国家经济社会发展的战略意义，提出了中原经济区战略定位、发展目标和空间布局，从农业现代化、新型工业化、城镇化、基础设施建设、生态文明建设、民生建设、文化建设、体制机制建设等方面提出了具体要求。这标志着中原经济区战略正式上升为国家战略，也寓意着中原经济区建设在祖国大地的诞生。

中原经济区战略上升为国家战略的过程，是一次理论与实践相结合、决策与研究相结合、学术与实务相结合的成功典范。其特点是：策动与研究高度集中，宣传与推进高度开放。正是由于中原经济区诞生的上述特点，中原经济区战略方得以拥有深厚的科学基础、广阔的实践空间，以及由此而生的无边的民心拥戴。顺理成章地，《中原经济区研究》课题组荣获“第二届（2011）河南省经济年度特别贡献奖”。

三、2012年以来的成长

2012年1月，河南省第十一届人民代表大会第五次会议批准了《河南省建设中原经济区纲要》。该纲要明确指出：加快建设中原经济区，是促进新型城镇化、新型工业化、新型农业现代化“三化”协调科学发展，为全国同类地区创造经验的需要；加快建设中原经济区，建立以工促农、以城带乡、产城融合的长效机制，探索走出一条不以牺牲农业与粮食、生态与环境为代价的“三化”协调科学发展的路子，不仅是实现这一地区又好又快发展的内在要求，而且可以为全国同类地区推进现代化探索路子、积累经验。

2012 年 11 月 17 日，国务院以国函〔2012〕194 号正式批复《中原经济区规划（2012—2020）》，划定了中原经济区的规划范围，明确了该规划是中原经济区建设的行动纲领和编制相关专项规划的重要依据。该规划从中原经济区的发展基础出发，提出了中原经济区建设总体要求，明确了中原经济区的战略定位：国家重要的粮食生产和现代农业基地、全国“三化”协调发展示范区、全国重要的经济增长板块、全国区域协调发展的战略支点和重要的现代综合交通枢纽、华夏历史文明传承创新区。在具体规划内容中，从空间布局、推进新型农业现代化、加快新型工业化进程、加快推进新型城镇化、建设现代化基础设施、加强生态环境保护和资源节约利用、建设和谐中原、促进区域联动发展和开放合作、创新“三化”协调发展体制机制等九个方面提出了具体规划措施。

2013 年，作为实施《中原经济区规划（2012—2020）》的开局之年，河南省政府常务会议上获得通过了中原经济区国土规划编制工作领导小组办公室编制的《中原经济区国土规划（河南部分）（2011—2030）》。该规划围绕中原经济区建设的核心发展任务，以构建“富强、宜居、和谐、开放国土”为最终发展目标，对中原经济区主体区的国土空间开发利用、生态环境保护、矿产资源开发、国土综合整治、支撑保障体系等方面进行了总体部署和统筹安排，为中原经济区主体区国土空间布局和资源开发的纲领性文件，对其他相关规划具有引领、协调和指导作用。

2014 年，作为落实《中原经济区规划（2012—2020）》的第二个重要年份，1 月，河南省人民政府印发了《河南省主体功能区规划》。该规划立足于河南省三大区域发展战略的发展目标，在河南省国土规划的基础上，分析了河南省国土空间开发面临的形势和未来的任务，明确了河南省重点开发区、农产品主产区、重点生态功能区、禁止开发区的功能定位、主要目标、发展方向和开发管制原则，提出了加快形成河南省主体功能区的具体要求。该规划对于中原经济区建设中的国土开发空间优化、“三化”协调科学发展道路的实现、经济结构的调整与升级具有重要的调控作用。

在《国家新型城镇化规划（2014—2020）》和《中共河南省委关于科学推进新型城镇化的指导意见》的基础上，2014 年 7 月，河南省人民政府印发了《河南省新型城镇化规划（2014—2020）》。该规划在分析河南省城镇化的现状问题、发展态势的基础上，从强化城镇产业的就业支撑、有序推进农业转移人口市民化、建立健全农业人口转移促进机制、优化城镇布局与形态、提高城市建设与管理水平、推动城乡发展一体化、改革完善城镇化发展体制机制等方面提出了规划建设目标与主要任务。该规划为推进中原经济区全国“三化”协调区建设、人口市民化进程、区域城市体系建设、城乡统筹发展等方面提供了重要保障。

2014 年，中共河南省委、河南省人民政府出台了《关于全面深化农村改革加快推进农业现代化的实施意见》，从提高粮食综合生产能力、构建新型农业经营体系、推进扶贫开发工作、发展都市农业等新型业态、提升新农村建设水平、落实强农惠农富农政策、深化农村制度改革、加强农村基层组织建设八个方面提出了具体要求。该意见的出台，为中原经济区主体区推进农业现代化建设提供了重要支撑和践行依据。同年，河南省人民政府办公厅出台了《关于推动全省都市生态农业发展的指导意见》，为中原经济区主体区都市生态农业的发展提供了实践指导。

近期，中共河南省委、河南省人民政府以及各职能部门还出台了很多指导性文件和实施方案，在这里就不一一细述了。可以说，在各种利好因素的滋润下，中原经济区在健康地成长。

四、小结

在河南省区域发展战略不断完善的基础上，在河南省各界力量的多方参与下，在中原儿女的时代呼唤下，中原经济区战略从多年的孕育中轰然诞生！我们有理由相信，在各种政策、规划、方案的指导下，中原经济区正在这片华夏沃土上茁壮成长，中原经济区建设的美好蓝图在不久的将来也必将实现。

第三章

中原经济区建设之战略高度

——省之大计国之方略

中原经济区从政府部门的提出，到组织专家学者的认真研究，到河南社会各界的积极呼吁，到宣传部门的组织策动，到形成方案上报国务院，到上升为国家规划层面的《全国主体功能区规划》和国家经济与社会发展的第十二个五年规划，到国务院正式颁布《关于支持河南省加快中原经济区建设的指导意见》，到国务院公布《中原经济区规划(2012—2020)》，中原经济区建设从提出到规划建设在短短的 2 年时间内完成。为什么要建设中原经济区？为什么在这么短的时间内上升为国家战略并组织实施？本节从省之大计、国之方略两个层面揭开中原经济区上升为国家战略的神秘面纱。

一、省之大计

（一）中原崛起的时代呼唤

在历史长河里，农耕文化、中原文明孕育了中华民族；在政治格局中，金戈铁马、中原逐鹿铸就了大中华——中原地区为民族的繁兴和国家的统一作出了无可比拟的贡献，也经受了太多的磨难。

在改革开放的新时代，中原地区却像一位大喘粗气、步履艰难的老英雄：改革发展大潮涌动神州，“中原凹陷”的担忧却挥之不去；精神文明春风吹遍中华，“妖魔化河南人”的浊流却时隐时现；主体区河南省常年头顶“人口大省”“农业大省”的落后帽子，尽管经济总量全国第五，人均经济实力却排在二十几位。

以城镇化总体水平为例，城镇化率一直低于全国平均6~9个百分点，在全国31个省级地区倒数第五。2014年，全国城镇化率为53.73%，河南为43.8%，比全国低近10个百分点。

中原地区在全国难以替代的枢纽地位的增强，富民强省、发展振兴目标的实现，发展定位、发展优势的进一步明晰，经济发展方式的转变，与全国同步实现小康社会与和谐社会的需要等，皆有赖于中原经济区托举的中原崛起、河南振兴。

中原经济区战略是中原崛起的时代呼唤！

（二）中华复兴的时代呼唤

“中原支国脉”，中原的辉煌是国之大幸，中原崛起、河南振兴是国人的共同期盼。

国家区域经济宏观布局的进一步完善，统筹协调梯次推进战略的实施，新的经济增长板块的形成，在全国范围内“承东启西、联南通北”腹地效应的发挥等，皆有赖于中原经济区托举的中原崛起、河南振兴。

2006年，继优先发展东部沿海地区、西部大开发、东北老工业基地振兴等国家地带性宏观战略的先后实施，中央启动了举世瞩目的“中部地区崛起战略”。随着《中共中央国务院关于促进中部地区崛起的若干意见》的颁布，一个期待已久的讯号风行神州，一个迟到的伟大战略亮丽面世。这无疑给了中原儿女极大的鞭策、敦促与鼓舞，“中原崛起”成为“中部地区崛起”发展板块上的最强音，成为一条深得人心、充满希望的发展之路！

中部地区崛起整体效应的发挥，北部增长板块的构建，中心带动力量的增强，战略任务的圆满完成，区域协调发展、整合的客观需要等，也有赖于中原经济区托举的中原崛起、河南振兴。

中原经济区战略是中华复兴的时代呼唤！

（三）中原民心的时代呼唤

中原地区广大的人民群众热烈支持中原经济区战略，并以实际行动投入到经济区建设中去。

改革开放以来，历届省委省政府都在不懈探索中原崛起、河南振兴之路。适时提出建设中原经济区的战略构想，并在短时间内推升为国家战略，是多少年来中原儿女持续探索的结果，是体现了中原地区广大人民群众心愿的崛起与振兴之路。

中原地区是我国重要的农产品主产区。粮食产量接近1亿吨，占全国的18%以上，其中小麦产量5400万吨，接近全国的50%；棉花、油料、畜禽产量分别占全国的18.4%、20.5%、14.8%。我国中部地区崛起战略的一个突出指向，是要求中部地区各省加强粮食生产核心区建设，切实保障国家粮食安全。

《中原经济区规划（2012—2020）》要求：中原经济区粮食综合生产能力2015年达到1亿吨，2020年达到1亿零八百万吨。另据《指导意见》，河南到2020年要实现粮食年产量达到650亿公斤，粮食增产的任务十分艰巨。这是一个不容置疑、不容折扣的硬任务，也是中原地区产业结构调整、土地资源配置的一道红线！

毫无疑问，粮食生产虽然重要，但经济收益较低，平均每年每亩地收益大约500～1000元左右，农民单靠种粮收入只能维持低水平的生活延续。如果河南省产业结构以农业为主、农业以粮食为主，很难实现“富民强省”的宏伟蓝图。中原经济区强调“五化”（新型工业化、新型城镇化、农业现代化、工业化、信息化）协调发展。其限制条件是：不以牺牲农业和粮食、生态和环境为代价——这是中原儿女对中央、对全国人民、对历史和未来的庄严承诺！

建设中原经济区是实现富民强省、建成小康社会的有效途径，充分体现了中原民心的时代呼唤！

二、国之方略

（一）优化国家区域经济格局的必然选择

从我国的区域经济空间格局可发现（图3－1），河南省地处国家的

图3－1　我国区域经济发展格局

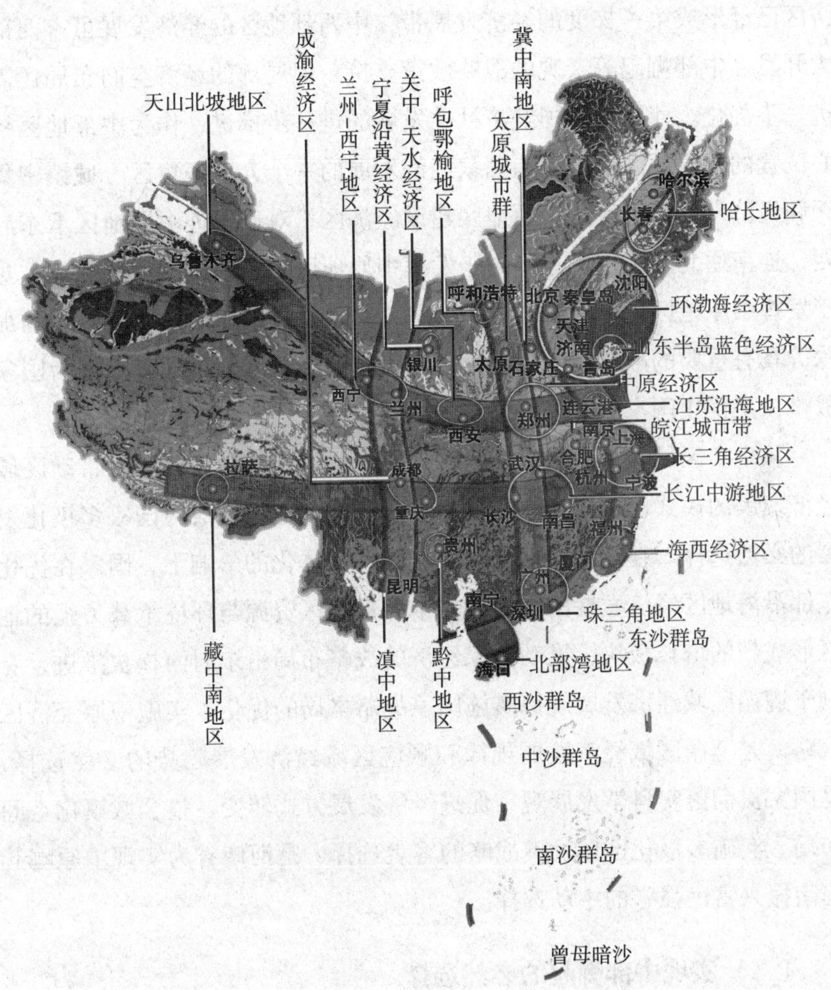

图3－2 我国新型城镇化的战略导向

“心脏”部位，综合交通优势明显，经济发展潜力大，是国家主体功能区和新型城镇化建设的重点开发建设区（图3－2）。然而，中原经济区战略未实施之前，在以河南为主体的中原地区没有国家战略层面的区域经济发展规划支持，也没有国家级的战略试点的实验区进行改革创新，地处优势地位但缺振兴发展的政策支持。从那时国家的总体经济格局看，东部沿海地区自北向南的环渤海、长三角、海峡西岸、珠三角等经济区已经形成第一梯度的经济发展带，中西部地区的经济发展虽有西部大开发、中部崛起等宏观的战略政策支持，但局部的经济空间布局还需进一步优化。伴随着我国经济社会发展的进一步推进，作为中部地区核心位置的中原地区逐渐成为国家经济发展的一个人口密集区、城镇密集区和经济发展集中区。中原地区建设经济区，对于发挥中原地区承东启西、连南通北的区位优势，对于发挥中原地区东引西进的市场优势，对于发挥中原地区人口集聚的人力优势，对于促进中原地区区际合作的加深等具有重要的战略意义。因此，建设中原经济区，推动其上升为国家战略，是优化国家区域经济格局的必然选择。

从现实区域经济发展环境看，仅靠核心城市或者省会城市带动区域经济发展的模式已不复存在，城市群和经济区建设已成为国家多极化发展的必然选择。在经济全球化、区域经济一体化的影响下，国家在优化东部沿海地区经济发展的同时，在中西部地区资源与环境承载力强的地区形成新的增长板块，推动国家经济的战略布局由东向西梯次推进，有利于遵循区域经济发展规律实施国家战略格局的优化。实施中原经济区战略，是遵循区域经济发展规律和顺应区域经济发展趋势的必然选择，是国家贯彻落实科学发展观、促进经济发展方式转变、整合城镇化空间布局、实施多极化区域发展战略的客观选择，是河南省为实现中原崛起河南振兴富民强省的主动选择。

（二）实现中部崛起的必然选择

自2006年中部地区崛起战略实施之后，中部各省为凸显各地的竞争优势，不约而同地采取城市群战略。湖北省的武汉城市圈、河南省的中原城市群、湖南省的长株潭城市群、安徽省的皖江城市带、江西省的环鄱阳湖城市群和山西省的太原都市圈6个城市群先后组建。各个省份组建城市群战略，一方面为了提升自身的发展实力，另一方面为凸显本省在中部崛起的重要位置，例如湖北省提出以武汉城市圈为核心整合中部六省共同崛起，河南省以中原城市群为核心力求成为中部崛起的领头羊，江西省则声称“中部崛起看江西”……有的省份积极寻求空间

"突围"，期望率先实现崛起，例如武汉城市群以长江中游城市群为发展目标，山西省将目光瞄向了京津唐和环渤海经济圈，湖南省则带着发展成熟的"长株潭一体化"战略走向泛珠三角，同时向长江经济带融合，江西省提出以"三个基地，一个后花园"对接长江三角洲、珠江三角洲与闽三角地区，安徽省将皖江城市带定位为"长三角的纵深腹地"……

这种步调杂乱的局面，反映了中部六省压抑太久猛然爆发、万马奔腾、奋勇争先的客观现实，但却实实在在地对中部地区的整合发展构成了威胁，如果不从理念、姿态、思路、机制等方面予以克服，人为造成的内耗将使中部崛起陷入尴尬局面。

在这种局面下，中原地区的主体——河南省怎么办?

科学发展观教会我们：从本源上认识问题的本质，从本质上找到解决问题的根本出路。在中原崛起这个大命题中，首先要给崛起搭建一个地域承载体，就必须弄清什么是中原；其次要给崛起设置一个认知标杆，就必须明白什么是中原崛起；再次要给崛起找到一个充分理由，就必须回答为什么要中原崛起；然后要给崛起找到一条可行途径，就必须回答如何才能实现中原崛起；最后要给崛起树立一个努力目标，就必须回答中原能否走在中部崛起的前列。解决这五个问题，靠决策者的"拍脑瓜"或"突发奇想"不行，靠文人的"闭门造车"或"神来之笔"不行。要靠理论与实践相结合，决策与研究相结合，学术与实务相结合。因此，在河南省不断追求、积极策动、国家支持的多方力量融合下，中原经济区建设将进一步推进地区间的合作和交流，提升对外开放的水平，全面激发发展潜能，在中部地区形成的新的增长板块，在中部崛起中发挥引领作用，与长江中游城市群形成南北呼应，共同支撑中部崛起战略目标的实现。

（三）凸显中原地区优势定位的必然选择

中原地区在国家的经济社会发展格局中具有举足轻重的地位和作用。一是交通区位优势。中原地区地处我国区域板块的"心脏"区域，承东启西、连南通北，在我国经济发展格局中具有难以比拟的枢纽地位，具有从“陆路”“水路”“空路”三方面融入“一带一路”战略的地区优势。二是，人口优势。河南省正积极承接国外和沿海地区的产业转移，拥有全国1/13人口资源优势，市场潜力广阔。无论从新型城镇化建设推进，还是城乡一体化发展、全面建成小康社会看，中原地区人口优势在全国的人口城镇化格局和人口市民化进程中扮演着重要的角色。三是文化优势。中原地区是华夏文明的发源地，发挥中原地区的根亲文化优势，打造中原特色文化品牌，促进文化产业与旅游产业深度融合，对于增强海内外同胞的向心力、提高中华民族的凝聚力、推动海峡两岸关系的和平发展等具有重要的作用。四是粮食优势，中原地区是国家粮食生产的核心区和国家粮食安全的保障区，在全国的农业现代化战略中具有重要的作用。五是基础优势。中原地区经过三十多年的发展，基础设施、公共服务、产业发展、社会事业发展、人口素质等方面有了显著的提高，经济总量基本稳定在全国第五位、中西部首位，正转变从农业大省、人口大省向经济大省、新型工业大省和有影响的文化大省。六是后发优势。目前，中原地区正处于新型工业化、新型城镇化、农业现代化、信息化、绿色化协同推进的阶段，“调结构、保增长、促转型”等产业发展的要求不断提高，在“互联网+”、农村电商等新理念的引领下市场广阔，发展的后发优势不断呈现，发展的活力和潜力不断提升。

从上述发展优势可以看出，中原地区无论从经济总量、人口总量看，还是从经济社会发展基础、发展活力等方面来看，在全国经济发展格局占有重要的地位，需要凸显这些优势并发挥其在全国区域格局中的地位。因此，建设中原经济区，不仅可以充分发挥中原地区的这些综合优势，而且能为推进新型工业化、新型城镇化、农业现代化、信息化、绿色化“五化”协调提供重要支撑，更能凸显中原地区在全国发展大局中明晰定位，从而为推动中原地区的跨越式发展和在中部崛起战略中发挥更大作用提供重要支撑。

三、小结

中原经济区战略是中原崛起的时代呼唤，中原经济区战略是中华复兴的时代呼唤，中原经济区战略是中原民心的时代呼唤。中原经济区战略上升为国家战略，是国家优化区域经济格局的必然选择，是实现中部崛起的必然选择，是凸显中原地区优势定位的必然选择。在中原经济区上升为国家战略后的今天，中原经济区的经济发展优势进一步凸显，产业结构不断调整和优化，“五化”协调在进一步地协同推进，规划建设的目标正在一步一步的实现。中原经济区战略是时代的正确选择，也必将在全面建成小康社会、加快社会主义现代化建设的征程上谱写新的篇章。

第四章

中原经济区建设之战略定位

中原经济区建设上升为国家战略，国家出台了《关于支持河南省加快建设中原经济区的指导意见》和《中原经济区规划 2012—2020》，中共河南省委、河南省人民政府和相关职能部分也出台了很多指导性文件、专项规划和实施方案，为中原地区的跨越式发展指明了方向。那么中原经济区在国家的战略格局中扮演了什么角色？中原经济区建设在中部崛起的战略格局中发挥什么样的作用？中原经济建设在河南省的区域战略中又承担着什么样的重任？本章从国家、区域、省域三个层面，透视中原经济区在三维空间结构的格局定位，分析其在不同格局层面发挥的重要作用，从而让人们更加清楚地了解中原经济区战略构想的空间内涵。

一、国家定位

当前国家级区域规划，一方面从国家的整体战略意图出发（如一带一路战略、京津冀协同发展、长江经济带），着力于解决国家经济与社会发展的全局问题，不刻意着眼于某个地方的局部利益；另一方面考虑地方的比较优势，体现特殊功能区的需要（自贸区），赋予特殊的政策优惠进行发展。因此，国家在进行区域性空间战略规划时，主要体现三个战略导向，即有利于发展重点地区率先发展和加快发展，着眼于落实国家重大改革与发展战略，继续深化区域合作与对外开发。综合《全国主体功能区规划》《国家经济与社会发展十二五规划》《关于支持河南省加快中原经济区建设的指导意见》《中原经济区规划（2012—2020）》等国家层面的战略发现，对中原经济区建设的战略定位基本一致，如下所述：

第一，国家重要的粮食生产和现代农业基地。集中力量建设粮食生产核心区，巩固提升在保障国家粮食安全中的重要地位；大力发展畜牧业生产，建设全国重要的畜产品生产和加工基地；加快转变农业发展方式，发展高产、优质、高效、生态、安全农业，培育现代农业产业体系，不断提高农业专业化、规模化、标准化、集约化水平，建成全国农业现代化先行区。

第二，全国工业化、城镇化和农业现代化协调发展示范区。在加快新型工业化、城镇化进程中同步推进农业现代化，探索建立工农城乡利益协调机制、土地节约集约利用机制和农村人口有序转移机制，加快形成城乡经济社会发展一体化新格局，为全国同类地区发展起到典型示范作用。

第三，全国重要的经济增长板块。提升中原城市群整体竞争力，建设先进制造业和现代服务业基地，打造内陆开放高地、人力资源高地，成为与长江中游地区南北呼应、带动中部地区崛起的核心地带之一，引领中西部地区经济发展的重要引擎，支撑全国发展的重要区域。

第四，全国区域协调发展的战略支点和重要的现代综合交通枢纽。充分发挥承东启西、连南贯北的区位优势，加速生产要素集聚，强化东部地区产业转移、西部地区资源输出和南北区域交流合作的战略通道功能；加快现代综合交通体系建设，促进现代物流业发展，形成全国重要的现代综合交通枢纽和物流中心。

第五，华夏历史文明传承创新区。传承弘扬中原文化，充分保护和科学利用全球华人根亲文化资源；培育具有中原风貌、中国特色、时代特征和国际影响力的文化品牌，提升文化软实力，增强中华民族凝聚力，打造文化创新发展区。

综合国家战略对中原经济区的功能定位可以发现，中原经济区建设一方面要凸显地区发展优势，保障农业生产与粮食安全任务，确保新型农业现代化顺利推进；二是要协调推进新型工业化、新型城镇化与农业现代化发展，在不以牺牲农业与粮食、生态与环境的前提下提升城镇化质量、新型工业化水平与城市群的综合实力，形成国家经济发展格局的新引擎。

中原兴则中部兴，中部兴则中华兴。在国家的区域经济空间格局中，中原经济区必将进一步发挥承东启西、连南通北的区位优势，也必将在我国中部地区形成新的增长板块，同时与长江中游城市群形成南北呼应的格局，使我国东、中、西部的主要经济区实现高效的功能对接，形成中国区域经济发展的战略腹地。

二、区域定位

在中原经济区战略上升至国家战略之前，我国中部地区已经先后批复了国家级经济区。2007 年 12 月 7 日，武汉城市圈与长株潭城市群经国务院批准，成为“全国资源节约型和环境友好型社会（简称“两型社会”）建设综合配套改革试验区”，这标志着湖北、湖南的两个城市群以“两型社会”为战略主题正式上升为国家战略。2009 年 12 月 12 日，国务院正式批复《鄱阳湖生态经济区规划》，标志着以鄱阳湖城市圈为依托，以保护生态、发展经济为重要战略的经济特区上升为国家战略。2010 年 1 月 12 日，国务院正式批复《皖江城市带承接产业转移示范区规划》，安徽沿江城市带承接产业转移示范区建设纳入国家发展战略。2010 年 12 月 1 日，经国务院同意，国家发改委正式批复设立山西省为国家资源型经济转型综合配套改革试验区，山西省成为我国第一个全省域、全方位、系统性的国家级综合配套改革试验区，也标志着山西省在全国的经济发展格局中拥有自己的一席之地。

从以河南省东西两侧的临近区域看，2009 年 6 月 10 日，国务院常务会议审议并原则通过《江苏沿海地区发展规划》，这标志着江苏沿海地区上升为国家战略高度并将成为中国东部地区重要的经济增长极。

2009 年 6 月 25 日，国务院以新闻发布会的形式宣布批准《关中—天水经济区发展规划》，将其定位为“全国内陆型经济开发开放的战略高地”，这标志着关中—天水经济区正式成为国家西部大开发战略中的重点经济区之一。2011 年 1 月 4 日，国务院以国函〔2011〕1 号文件批复《山东半岛蓝色经济区发展规划》，这是国民经济与社会发展第十二个五年规划开局之年第一个获批的以海洋经济为主体的国家级区域发展战略。

可以看出，以中原为毗邻的四周以及更大的范围内，南部的武汉城市群、长株潭城市群、环鄱阳湖城市群、皖江城市带等先后纳入国家规划，北部的山西省纳入了国家综合配套实验区，东部和西部的江苏沿海地区、山东半岛蓝色经济区和关中—天水经济区也先后被纳入国家级区域发展规划，以河南为主体的中原地区处于国家的政策边缘。在国家级战略缺乏的情况下，加剧了“中原塌陷”的趋向，不利于国家区域协调发展战略的实施，也不利于河南省振兴中原崛起的“振翅”发展。河南省在 2010 年主动提出并及时策动中原经济区战略，2011 年中原经济区正式上升为国家战略，这不仅有利于国家级战略的规划实施，更有利于在中部地区的北部形成新的增长板块。不得不说，中原经济区战略的实施，是恰逢其时的，是民心所向的。

那么中原经济区在中部崛起中具体承担什么角色呢？

从中部的城市群看，武汉城市圈、中原城市群和长株潭的综合发展实力最强，并且与其他城市群拉开了一定的差距。从中部地区的整体空间布局结构看，武汉城市群是“倒 Y”形经济发展格局的中心节点，可作为整个中部地区的核心增长板块，并与其他三个城市群（长株潭、环鄱阳湖、皖江）组成长江中游城市群牵引整个南部的发展。中原城市群作为北部的增长板块，通过中原经济区战略牵引太原城市圈共同发展，带动整个北部地区的共同发展。中部地区要充分发挥两个国家级跨区域战略地区（长江中游城市群与中原经济区）的区位、资源、产业等优势，加快交通通信建设，培育优势产业集群，组织现代流通体系，提升城市体系功能，强化区域创新能力，构筑促进中部崛起的战略性支撑平台。

从中部的发展轴带看，京广铁路纵观中部地区南北，穿越了河南省、湖北省与湖南省，连接了中原城市群（中原经济区）、武汉都市圈与长株潭城市群，还可通过次级铁路连接太原城市圈及其他城市群。该铁路南北两端连接着珠三角经济区与环渤海经济区（京津冀地区），沿线是中部地区经济基础最为雄厚的省份。而且，郑州与武汉分别位于京广线与陇海线、京广线与长江的交汇点上，长株潭城市群位于京广线与其他东西向铁路的交汇区，对中部地区联南通北实现崛起的意义尤为重要。构筑南北向发展核心轴带，是以京广铁路线为主轴，以次一级铁路为辅轴，通过中原经济区战略一方面可以联通太原城市圈进而实现与京津冀地区协同发展，另一方面可以联通长江中游城市群并向长三角、珠三角延展。借助京广铁路沟通南北的作用，培育中原经济区沿铁路干线产业带的延伸与互接，提高沿线地区经济社会发展水平，中原经济区必将成为中部崛起的坚实脊梁。

中原经济区是推动中部崛起的北部牵引增长板块，联系京津冀地区和太原城市群的战略枢纽，中部地区的重要粮食生产区与生态安全保障区，中部地区城镇化建设的重要地区，中部地区“三农”改革示范区，中部地区的“三化”协调发展示范区。通过中原经济区建设，在加快河南发展的同时振兴中原地区，在支撑中部崛起的同时强化东中西互动、增强北中南联系，在完善国家区域经济空间布局的同时在服务全国大局中发挥更大的作用。

三、河南省定位

河南省因大部分地区位于黄河以南，故称河南。远古时期，这里河流纵横，森林茂密，野象众多，河南又被形象地描述为人牵象之地，这就是象形字“豫”的根源，也是河南简称“豫”的由来。《尚书·禹贡》将天下分为“九州”，豫州位居天下九州之中，故有中原、中州之称。河南是中华民族最为重要的发祥地和华夏文明传承创新区。从夏代到北宋，先后有20多个朝代建都或迁都于此，长期是国家政治、经济、文化中心，全国八大古都有四个（安阳、洛阳、开封、郑州）在河南，拥有全国重点文物保护单位189处，地下文物和馆藏文物均居全国首位。

河南省是人口大省、粮食和农业生产大省、新兴工业大省，解决好工业化、城镇化和农业现代化协调发展问题具有典型性和代表性。改革开放特别是实施促进中部地区崛起战略以来，河南省经济社会发展取得巨大成就，进入了工业化、城镇化加速推进的新阶段，既面临着跨越发展的重大机遇，也面临着粮食增产难度大、经济结构不合理、城镇化进程滞后、公共服务水平低等挑战问题。国家支持河南省加快建设中原经济区，是巩固提升农业基础地位，保障国家粮食安全的需要；是破除城乡二元结构，加快新型工业化、城镇化进程的需要；是促进"三化"协调发展，为全国同类地区创造经验的需要；是加快河南发展，与全国同步实现全面建成小康社会目标的需要；是带动中部地区崛起，促进区域协调发展的需要。

根据中原经济区的空间布局，可将其分为"一极、一板块、主体区、外围区"的基本结构（图4-1）。"一极"，即郑汴都市区。郑州市区、开封市区和中牟全境组成的郑汴都市区承担着河南省现代城镇体系核心增长极的重任，随着郑汴一体化的深入，郑州市区和开封市区将对接为一个东西向的城市连绵带。"一板块"，即中原城市群。中原城市群是区域规模大、人口最密集、经济实力较强、交通发达的城市群，是我国中西部承接国内外产业转移、西部资源枢纽和核心区域之一，更是河南省参与国内外竞争、促进中原崛起、辐射带动中西部地区发展的重要增长板块。"主体区"，即河南省全境。河南省是中原经济区建设的核心区域，是"三化"协调发展的重点实验区，更是实现河南振兴、中原崛起、富民强省的核心承载平台。"外围区"，即河南省外围的中原经济区地区，具体包括4个地区——晋东南地区、冀南地区、鲁西南地区、皖西北地区。只有探索跨省际协调机制，逐步形成中部地区的联动板块，进而才能实现中原经济区建设的整体目标。

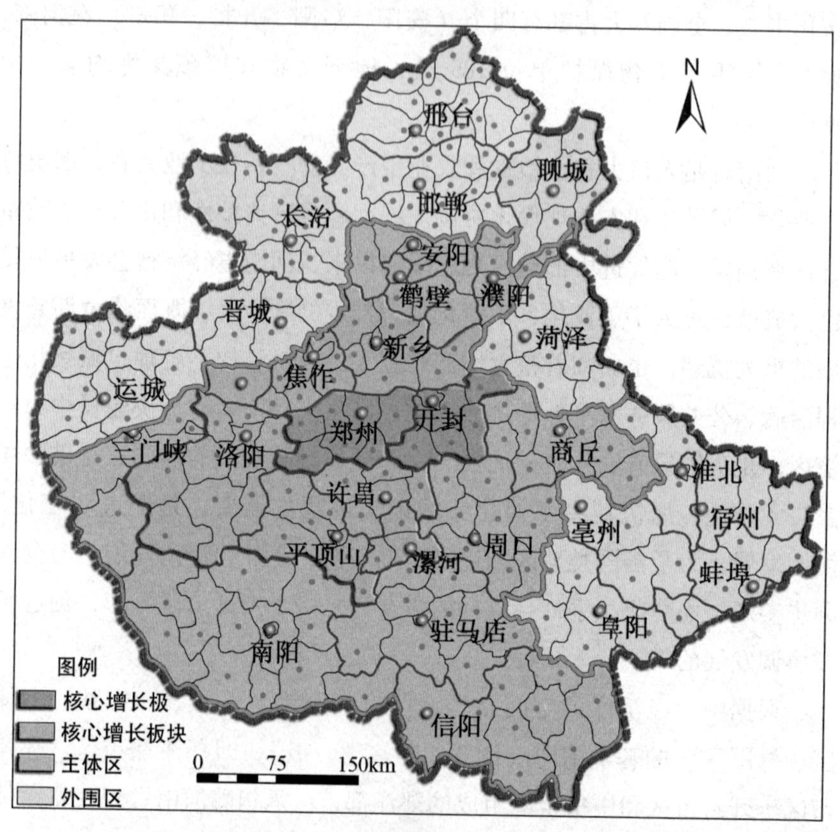

图 4-1　中原经济区空间布局基本结构

将河南省定位为“中原经济区的主体区”，自有其客观的一面。其一，中原经济区是“以全国主体功能区规划明确的重点开发区域为基础、中原城市群为支撑、涵盖河南全省、延及周边地区的经济区域”，河南省是中原经济区的地域主体；其二，是河南省提出了中原经济区战略并将其推向了国家战略层面，河南省是中原经济区战略的运作主体；其三，国务院的《指导意见》旨在“支持河南省加快建设中原经济区”，河南省是中原经济区建设的执行主体。因此，《中原经济区规划》在第十一章第四节明确指出：在中原经济区建设中，“支持河南省发挥主体作用”。

当然，将河南省定位为“中原经济区的主体区”，绝无鼓动河南做中原经济区的“盟主”“龙头”“领头羊”之意。恰恰相反，本书作者始终认为，在区域协作的大格局中，狭隘的地域争雄所导致的乱象是区域发展整合的最大障碍。本书称河南省是“中原经济区主体区”，意在寻求一种压力、一种责任，寻求一种担当，一种沉甸甸的“中原担当”！

四、小结

从国家、区域、省域三个层面分析了中原经济区的战略地位，更为清晰地透视了中原地区在全国大局中的定位，为人们从三维空间尺度上认知中原经济区的空间结构打下了基础。在中原经济区建设的伟大征途中，主体区河南省承担着压力与责任，更是一份寻求突破、振兴中原、崛起中部、复兴中华的河南担当。在中部崛起的伟大征程中，中原经济区不但要继续发挥着承东启西、连南通北的过渡作用，而且要承担着北部增长板块的重担，从而与长江中游城市群共同托举中部崛起宏伟蓝图的早日实现。在实现中华复兴梦的伟大征途中，中原经济区是国之兴、民之强的华夏脊梁，中原经济区是国家多极化发展的重要一极，与国家其他城市群和经济区建设共同托举着中华民族伟大复兴的中国梦。

第五章

中原经济区建设之关键问题

中原经济区上升为国家战略以后，要实现中原崛起、河南振兴、富民强省须完成诸多任务。那么，中原经济区建设的关键问题有哪些？根据国务院《关于支持河南省加快中原经济区建设的指导意见》《中原经济区规划（2012—2020）》对中原经济区规划建设的要求，中原经济区建设要解决的关键问题集中在粮食生产核心区建设、产业发展、核心增长极培育三个方面，本章从上述方面展开介绍，以期让人们深刻了解中原经济区建设的重大战略性问题。

一、粮食核心区建设

（一）粮食生产核心区建设的重要意义

粮食核心区是指生产条件好、粮食产量高、粮食生产具有比较优势，除区内自身消费外还可以大量调出商品粮的地区。中原经济区是我国粮食生产的核心区，该区域的粮食生产肩负着国家的粮食生产任务和农产品国家战略安全，因此，中原经济区在我国粮食生产区中占有举足轻重的位置。作为中原经济区的主体区河南省，被誉为“粮食大省”“农业大省”，更是粮食生产的重中之重。中原经济区粮食生产核心区的建设，是保障国计民生的国家粮食战略的重要内容，是河南省委省政府的重大战略举措，是全面建成小康社会、努力实现中原崛起河南振兴富民强省的重要保障，是实现中原大地经济、社会各项事业稳定发展的坚实后盾。因此，河南省实施中原经济区战略，粮食生产和农业发展必须放在第一位，只有解决好粮食问题和农业问题才能安心地进行其他现代化建设。

近年来，河南省在坚持推进新型工业化、新型城镇化、农业现代化以及信息化、绿色化建设中，不以牺牲粮食和农业为代价，始终把粮食生产放在经济工作的重要位置，采取了一系列措施保障粮食生产，实现了粮食逐年增长，确保了粮食的综合生产能力更趋稳定，也正形成一条“五化”协调与粮食安全良性谐振的全新模式。

（二）中原经济区粮食生产的现状

近年来，伴随着中原经济区上升为国家战略，加之中央对粮食生产的高度重视及一系列惠农政策的推出，农业基础设施日趋完善，对粮食生产扶持力度进一步加大，主要粮食作物平稳增长，农民种粮积极性相对提高。随着农村劳动力大量转入城市务工，助推了土地流转带来的种植大户、家庭农场和农民专业合作组织的快速发展。截止到 2014 年，主体区河南省发放粮食直补等惠农补贴 150 亿元，奖励产粮大县 40. 6 亿元，新建高标准粮田 952 万亩，新增省级示范性现代农业产业化集群 25 个，120 万农村贫困人口稳定脱贫，“三山”地区 5. 15 万贫困群众搬出深山。主体区河南省着力促进畜牧业健康发展，肉类总产量突破 700 万吨。主体区河南省积极发展新型农业经营主体和适度规模经营，农民合作社、家庭农场分别达到 9. 7 万家和 1. 6 万家，流转土地用于粮食生产的比重高于全国平均水平。

中原经济区粮食生产条件得到大幅改善，生产能力大大增强，但还存在着一些不容忽视的问题，突出表现在以下方面：

第一，农业基础设施建设水平有待进一步提升。中原经济区是一个自然灾害频发的经济大区。虽多年来对农业进行投入，但农业基础设施还不完善，有的地方还相当脆弱，导致农业生产抗御自然灾害的能力不强，生产能力不稳。虽然近年来中原经济区各地在新型农业现代化建设的推动下，农田水利设施建设取得了巨大成就，但近年来也不同程度地出现和存在着一些新的问题。由于这些问题的存在，使中原经济区现有的农田有效灌溉面积、旱涝保收面积大打折扣。据统计，近年来全省粮食生产因自然灾害平均每年减产的粮食都在800万吨左右，其中90%为旱涝灾害所致。

第二，农民的种粮积极性仍需进一步调动。近年来，由于农业生产的原材料价格上涨过快，加之粮食价格的提升空间有限，使得农户种粮的热情和积极性有所下降。相比养殖业和外出务工收入，农民一亩地一年的纯收入也就在2000～3000元之间，价值收益远远低于预期，因而许多农民纷纷将耕地转让或者出租出去。究其原因，一方面虽有“粮食直补”“良种补贴”“购机补贴”等政策，种粮收入增长较多，但以化肥、农膜、农药、农用柴油为主的农业生产资料价格也快速跟进，致使国家给予农民的好处大部分被工商业所瓜分或被农业生产资料价格抵消；另一方面务农种粮不如打工挣钱，农民粮食生产的积极性后劲不足，很难持续调动。

第三，土地的投入－产出效益有待进一步提高。伴随着城镇化、工业化进程，农业剩余劳动力纷纷进城寻觅职业，土地虽然流转在一定范围进行，但土地的规模化收益依然提高不多。同时，传统的农业种植生产周期长、获益慢，而务工经济收入效益大、见效快，致使有文化、懂技术、会经营的农民不断外流，剩下的“993861”部队缺乏知识和技术，接受新思想、技术较慢，经营方式单一且效益低下。伴随着老龄化时代进程的不断加快，以及疾病、自然减员等因素影响，务农人员逐年减少，劳动力呈现出快速下降趋势，职业型农民工越来越贵、日益稀缺。如此一来，将造成农业人力资本积累严重不足，这必然会影响现代农业生产的健康发展。

第四，耕地面积的保障性需进一步提升。近年来，伴随着新型城镇化的快速推进，城市建成区面积快速扩张、基础设施建设不断加快、城市新区和各类示范区不断兴起、各种类型的旅游、休闲、度假、娱乐等时尚场所的涌现，城乡建设用地的需要不断增多，加之国家实施“一退三还”政策，致使中原经济区建设的耕地面积不断下降速度逐年加快。据统计，主体区河南省因耕地面积下降影响粮食生产能力每年减少2亿公斤以上。此外，播种面积也遭遇瓶颈，依靠扩大播种面积提高粮食生产的方法举步维艰。因此，加强中原经济区耕地面积的“红线”监管的任务依然艰巨，耕地面积的保障性需要进一步提升。

第五，耕地质量保护的监督机制不完善。在近几年，中原经济区耕地数量保持基本稳定的情况下，有灌溉条件的耕地面积比例在减少，与此同时，林草地和未利用地的面积也在减少，这表明在耕地占补平衡中还存在着“占优补劣”现象。究其原因，优质耕地多分布在城镇村的周边，在“摊大饼”的发展模式下，其不可避免地被“优先”占用；而用来补充耕地总量动态平衡的耕地多为开发未利用地、对空心村和围村林进行治理以及对损毁地的复垦增加而来的，其质量水平很难与耕作多年、生产条件较为成熟的优质耕地相比。在监督不力的情况下，就会出现这种简单的耕地数量上的动态平衡。因此，加强对优质耕地的保护，建立、健全省一级的独立的基本农田保护区的信息化管理和遥感监督机构，严格执行“先补后占”的政策，并制定严厉的违法惩处措施来保证补充耕地的质量。

第六，粮食产品的产业化程度不高。中原经济区是粮食生产的核心区，因而各种类型的粮食生产加工业较多。近年来，河南省大力推进产业集聚区建设，形成了一批农副产品加工基地，推动了粮食加工企业产业链的延伸。从现实情况看，虽然在中原经济区范围内形成了一些食品制造业知名品牌，但很多地区的粮食产品加工业的产业化水平依然不够，龙头企业的核心竞争力不强，粮食深加工、精加工能力不足，产品的附加值不高，从而制约了中原经济区产品市场的扩大。因此，在今后建设中，须进一步充分发挥中原经济区作为国家粮食战略核心区的优势，进一步做强农业产业化集群，从深层次提升农业产业化水平。

第七，耕地布局存在较大的优化提升空间。从GDP总量、工业GDP总量、人均GDP、城镇化率、城乡人均收入比看，中原城市群是一个客观存在的经济聚集区，且这个经济区的自然资源优势不是体现在耕地上。从中原城市群9省辖市的耕地资源来看，坡耕地占耕地资源总量的57%，只有新乡、焦作、许昌的耕地资源条件较好，但仅占粮食核心区主体区耕地面积的10.9%。因此，中原城市群的城市化和工业化发展对全省耕地资源以及粮食产量不会起到根本性影响，且粮食总产量的分布格局也可以证明这一点。与此相反，如果中原城市群的发展能够大量吸引辐射区内的人口，减轻农业区人口压力，就可以为粮食生产核心区主体范围内各县市农村居民点整治提供有利条件，间接地支持了“耕地保护”工作。

第八，土地流转仍面临诸多难题。实现农业现代化，必须以规模化为基础，提高集约化水平。但对照中原经济区农业发展要求，土地流转量还不能满足农业经营业主的需求，原因如下：一是一些干部群众对土地经营权流转缺乏必要的深刻认识，有的认为目前土地流转时机还未成熟，关系到农民的根本利益，流转不好怕引发社会矛盾。二是当前农民的恋土观念仍比较强，对土地流转还保持较犹豫的心态，乃至不愿流转。三是支农惠农政策力度加大导致农民不愿意放弃土地。目前农民种田不但不需要上缴任何税费，而且国家给予农民各种补贴，在一定程度上调动了农民的种田积极性。四是城市化的不断推进，对农民承包地征用政策比较优越，农民看到了土地的潜在效益，怕土地流转后，影响政策享受。五是经营业主害怕承包经营风险大，不敢大规模经营和开发。

另外，耕地的“白色（化学肥料、农药、农膜）污染”“黑色（水、环境）污染”导致土地有机质含量减少，地力下降；农民收入的增速缓慢；城乡差别进一步拉大等，都不同程度地影响了全省粮食生产能力的提高。

（三）粮食生产核心区建设的重点

第一，加快推进农业基础设施建设。首先，推进农业机械化、科技化建设。以国家实施农机补贴政策为契机，积极向上争取农机购置补贴资金，大力发展农机作业合作社、服务公司，通过发展农机化，推进农业标准化、规模化和集约化，提高土地产出率和农产品质量安全水平。

其次，要加强以水利为重点的农田基本建设。围绕解决防洪防涝、干旱缺水和水环境恶化三大问题，科学规划，统筹兼顾，标本兼治，综合治理，重点加强水源建设、中低产田改造、节水灌溉建设，建设一批控制性水源工程，增强水资源控制能力，完善农业生产条件，增强农业生产抗御自然灾害的能力和实现可持续发展。最后，加强农村人畜饮水安全、乡村道路、农村沼气等农村“六小”工程建设，提高广大农民的生产、生活质量。

第二，推动新型农业经营主体。首先，积极培育新型职业农民。以“阳光工程”、农村实用人才培训等项目为载体，着力培育农业技术推广骨干人才、农村实用人才带头人和农村生产型、经营型、技能服务型人才。依托新型职业农民培育工程，聘请高素质、经验丰富的教师授课，有目的、有手段的选择一批学员进行优先培训，分层授课，强弱帮扶，形成以点带面的新型农民等级结构，力争在2020年达到每户至少培养1名懂科学、会技术、能创新的新型职业农民。其次，推动构建新型农业经营体系。以“三个导向”为理念，培育壮大种养大户、家庭农场等新型农业经营主体，加快构建新型农业经营体系，打造具有中原特色的专业村。以“公司+基地+合作社+农户”的产业化模式开展经营，鼓励发展专业合作、股份合作等多种形式的农民合作社，推进财政支持农民合作社发展创新试点，设立融资性担保公司解决农民贷款难题。

第三，提高农民种粮的积极性。首先，进一步加大支农惠农力度，力争国家对粮食调出大省的良种补贴、种粮直补等政策外，进一步提高粮食主产区粮食收购价格，根据调出商品粮数量对粮食调出省进行奖励，按照“谁受益，谁补偿”的原则，由国家和粮食主销区对粮食主产区给予补偿。其次，加大对种粮农民和粮食生产大县的直补力度，改变支农惠农资金“下毛毛雨”的现状，使粮食主产区支农惠农力度显著高于一般粮区。再次，国家层面在粮食主产区重点安排与农业有关的工业项目，加大对涉农工业企业在金融、税收、技术等方面的扶持力度，促进粮食主产区涉农工业发展，促进农业现代化。再次，加大对粮食和优势农产品生产基地的建设投入，加大种子、化肥、植保、灾害预防等科技支撑体系建设，提供免费农业科技咨询，建立长期稳定的农业科技宣传、教育和示范体制。最后，支农惠农的力度与农业经营的规模挂钩，加大对规模经营农户的支持力度，引导和促进农业规模经营。

第四，建立健全耕地保护机制。城镇建设用地的增加要与本地区农村建设用地的减少相挂钩，城市建设用地的增加规模要与吸纳农村人口进入城市定居的规模挂钩，城市化地区建设用地的增加规模要与吸纳外来人口定居的规模挂钩。适当扩大重大开发区域建设用地规模，严格控制农产品主产区建设用地规模，严禁生态功能区改变生态用途的土地供应。妥善处理自然保护区农地的产权关系，引导自然保护区核心区人口逐步转移。在执行上述政策的基础上，建立区域间“耕地占补平衡”指标交易制度，国家级重点开发区和省级重点开发区、土地供应压力大的地区可以在耕地资源相对充沛的农业重点开发区实现异地占补平衡，科学引导耕地布局优化。相应地，粮食产量目标任务难度大的地区也可以通过与粮食综合产能高的地区建立经济互助机制，异地投资农田整治，保障全省粮食综合产能目标实现。

第五，进一步提升耕地的保障性。首先，要坚决贯彻执行《中华人民共和国土地管理法》《中华人民共和国城乡规划法》《基本农田保护条例》，严禁一切形式的非法占地，严禁在土地批用中的批少占多、批次占好，甚至未批先占、占多报少等弄虚作假行为，切实兑现占补平衡，保护基本农田不受侵占。其次，加强对城镇周围、乡镇府驻地附近、粮食生产基地周边优质耕地的保护，严肃批地权限，严禁越权批地，为发展现代化高效农业提供支撑。最后，禁止占用耕地搞“政绩工程”“形象工程”、景观大道等，避免用“形象”破坏耕地现象的发生。

第六，提升粮食加工业的产业化水平。大力引进先进的生产加工工艺设备和先进的生产经营方式、管理理念，把大量的初级加工转向生物、医药、环保、能源等精深加工。进一步加大对重点农产品加工企业的扶持力度，在全省形成一大批产业关联度大、技术装备水平高、辐射带动能力强的多种类型的龙头企业，进一步提高农产品的国内外市场份额，特别是提高农产品的出口创汇能力。首先，要大力发展龙头企业。龙头企业在产业化经营中起着中枢和领导地位，具有开拓市场、引导生产、加工转化、销售服务的作用，其生产能力、组织能力的高低直接决定了粮食产业化经营的水平。要积极扶持一批技术含量高、加工能力强的加工企业，引进先进技术和工艺，全面提升加工产品的品位和竞争力，延伸产业链，增加产品附加值。鼓励龙头企业与农民发展订单粮食，不断完善“公司＋基地＋农户”的粮食产业化经营模式，通过国家级、省级、市级产业化龙头企业的培植，促进粮食生产的规模化经营，提高粮食生产经济效益，确保粮食生产稳定发展。其次，要广泛开展龙头企业与购销企业的对接双赢，合理利用粮食资源，促进粮食产销衔接，降低市场经营风险，努力实现农业增效、农民增收。

第七，建设粮食生产核心区。依托纳入全国新增千亿斤粮食生产能力规划的县（市、区），建设黄淮海平原、南阳盆地、太行山前平原、汾河平原优质专用小麦和优质玉米、水稻、大豆、杂粮产业带，大幅提高粮田比重，建设粮食生产核心区。加强农产品主产区耕地保护，稳定粮食播种面积。推进大中型水库和灌区建设，加大低洼易涝地治理、病险水库除险加固和大型灌排泵站更新改造力度，增强抗御旱涝灾害能力。加快高标准农田建设和中低产田改造。实施粮食丰产科技工程，建设一批粮食科技示范区。加快超高产新品种选育推广，建设全国小麦、玉米、水稻育种创新基地。推进整建制粮食高产创建，实施提高粮食综合生产能力重大工程，打造20个粮食生产能力超20亿斤、25个15亿—20亿斤和60个10亿—15亿斤的粮食生产大县，建设区域化、规模化、集中连片的国家商品粮生产基地。

第八，推进土地流转。健全与完善现有的城乡土地流转交易平台，将土地流转与产业化经营、现代农业示范基地建设、新农村建设引导点建设相结合，优化已建立的土地流转服务平台。县、乡（镇）两级建立土地流转服务中心，作为农村土地流转的有形市场，负责本区域土地流转的日常服务工作，开展政策咨询、信息收集及发布项目推介、流转价格评估、合同登记备案、权证变更登记等。村级建立土地流转服务站，土地流转信息员负责宣传贯彻好农村土地流转政策法规，建好土地流转台账，及时传递和反馈土地流转信息。同时，农业产业化龙头企业、农民专业合作社、农业种养业大户等新型农业经营主体是农村土地流转和规模化经营的基础，通过培育壮大他们带动土地流转。

此外，增强危机意识，全面提高农产品质量。千方百计提高农产品质量，想方设法打破国际市场上日益加高的“绿色壁垒”。从现在抓起，必须从农产品的田间生产抓起，改善水、土壤、环境对产品质量造成的影响，坚决按标准化生产，解决粮食等农产品的农药和有毒成分、放射性物质、重金属超标等问题。要加快无公害农产品生产基地的国家认定和获得国家无公害产品的认证工作，加大政府投入力度，引导农民走标准化的农业生产之路。

二、产业发展

（一）促进产业发展的重要意义

产业发展是经济发展的核心内容，是城镇建设的重要支撑。在经济发展新常态背景下，中原经济区的三次产业结构不断调整，主导产业和支柱产业的发展实力不断增强，在“中国制造 2025”“互联网 +”“大众创新、万众创新”“农村电商”等新市场环境下各产业发展进入了优化升级的新时期。要实现中原经济区产业的跨越式发展，首先要把握准当前和未来中原地区发展的条件和市场环境，弄清产业发展的关键问题和制约因素，谋划产业发展和结构调整的整体思路和目标定位，大力发展主导性产业和有竞争力的优势特色产业，厚植支柱产业和基础产业，认真分析产业发展的重点领域、空间布局、基地建设、科技创新、政策支持和措施建议等，方能在经济新常态背景下跨越式发展。因此，在“五化”协调背景下推动产业结构调整和优化升级，改造和提升传统优势产业，培育战略性新兴产业，推动“大众创新、万众创业”，推动产业的技术改造和自主创新，推动产业集聚区建设并打造特色产业集群，构建现代产业体系，提升产业发展的质量，对于提升中原经济区产业竞争力意义重大。

（二）中原经济区产业发展的现状

1. 产业结构演进状态

（1）三次产业结构的演进

随着社会主义市场经济体制的不断完善，中原地区产业结构逐步升级与优化，农业的基础地位不断巩固，工业实现持续快速发展，服务业不断发展壮大。主体区三次产业结构在改革开放之初比例结构为“一二三”，1986 年变化为“二一三”，1992 年变化至“二三一”。主体区第一产业占 GDP 的比重由 1980 年的 40. 7% 下降到 2013 年的 13. 2%；第二产业的比重由 1980 年的 41. 2% 上升到 2013 年的 54. 4%；第三产业的比重由 1980 年 18. 1% 的低起点起步后逐步增长，2013 年已经上升到 32. 4%。二三产业尤其是工业的增长成为近年来带动全区经济高速增长的主要力量，其主体区 2013 年工业对 GDP 的贡献率达 58. 8%。但从就业结构上看，其主体区 2013 年第一产业从业人员比重为 40. 1%，第二产业为 31. 9%，第三产业为 28%。产业和就业结构的错位，反映了河南经济正处于工业化中期发展阶段，结构进一步优化的内在动力强劲。

（2）农业内部结构不断优化

在农林牧渔业总产值中，2013 年主体区种植业产值占农业总产值的 58. 38%，种植业比重呈逐年下降趋势。同年，主体区粮经比调整为 67. 2 ∶ 32. 8，经济作物所占比重不断上升。1978 年改革开放以后，农村非农产业的崛起，形成了不同层次、不同类别、覆盖全区的农业产业化龙头企业群体，对于扭转全区农业产值长期缓慢增长、农业内部结构过分偏重种植业的格局发挥了积极作用，有效地活跃了整个农村经济。

（3）工业部门优势不断强化

工业中重点培育的食品、有色金属、化工、汽车及零部件、装备制造业、纺织服装六大优势产业在全区工业经济中的比重达 50% 以上。有色金属业中，氧化铝、电解铝、钼的产量均居全国第一；与农业发展和粮食生产核心区建设密切相关的食品工业已成为本区第一大行业，河南列山东之后居全国第二；装备制造业中，大型农机、大型水泥设备、煤矿机械、输变电设备等产品的竞争力进一步提高；汽车及零部件行业中，宇通客车、中原内配、中轴、远东传动轴、淅川减震器、新航集团等企业的行业地位进一步提升；传统产业的技术改造升级步伐加快，钢铁板材、新型干法水泥、中高档纸等产品比重大幅提高。高技术产业中，超硬材料、电子信息材料等方面形成了较强的竞争能力，金刚石和超薄电子玻璃等产品在国内市场占有率超过50%，多晶硅和太阳能电池产业初具规模。工业结构正在逐步从能源原材料工业为重心向一般加工和技术密集加工工业为主的高加工度化结构转变，与此同时，能源、食品、有色、装备制造、建材、纺织、医药等产业链条不断完善，产业集群初具规模，呈现出基础产业、一般加工工业全面推进，产业层次和技术水平逐步提升的格局。

（4）现代服务业加速发展

2013 年，主体区第三产业增加值为 12875. 90 亿元，比上年增长 9. 4%。1978 年以来主体区第三产业增加值年均增长 10% 以上，其中，1978—2010 年第三产业增加值均增长 13. 2%。在保持传统服务业增长的同时，现代服务业也有了较快的发展，2013 年主体区房地产业实现增加值 1165. 07 亿元，年均增 14% 以上；旅游业发展加快，接待海外游客数量由 1979 年的 1 万多人次提升到 2013 年的 4. 58 亿人次，旅游创汇由 26 万美元增至 4366. 20 亿美元；金融保险业功能日益完善，2013 年金融业实现增加值 1181. 77 亿元，1978 年以来年均增长 20% 以上。

2. 产业集聚区的建设状况

产城融合发展，就是要把城镇建设与产业集聚区建设有机结合起来，统筹建设基础设施和公共服务设施，以城促产、以产兴城。这种城镇与产业共建共享模式，有助于统筹推进城镇功能区与产业集聚区建设的良性耦合，改善城乡居民的生产生活条件，促进人口向城镇和产业集聚区集中，实现城镇建设与产业发展的共同发展。2009 年以来，中原经济区主体区把加快产业集聚区建设作为构建现代产业体系的重要抓手，全面启动了集聚区的规划编制和建设工作，重点选取了180个产业集聚区进行规划建设并陆续出台了一系列措施。

近年来，随着中原经济区优化产业集聚区规划布局，加强产业集聚区政策扶持引导，推动产业集聚区体制机制创新，大力实施投资倍增计划和招商行动计划，180个产业集聚区保持良好发展态势，产业集聚水平不断提升。2013年底，河南省产业集聚区规模以上工业主营业务收入达31263.81亿元，增长19.8%，占全省比重达52.6%，比上年提高4.7个百分点，对全省规模以上工业主营业务收入增长的贡献率达到70.5%。其中主营业务收入超过100亿元的特色产业集群达55个，超500亿元的产业集聚区达10家。产业集聚区规模以上工业增加值比上年增长18.1%，占河南省规模以上工业的43.7%，对河南省规模以上工业增长的贡献率达到73.7%。总体来说，产业集聚区规模日趋扩大，入驻企业不断增加；基础设施建设日益完善，产业配套能力不断增强；高新技术产业迅速发展，特色产业集群初现规模；集聚区成为地区经济发展的新增长点，对区域经济社会发展的支撑作用增强。在取得诸多成效的同时，也存在各类规划之间不协调，未能有效衔接；产业集聚区产业体系规划不尽合理，主导产业定位不准；产业集聚区规划对现状考虑不足，远期发展定位不明确；产业集聚区规划忽略生活设施，产城融合问题依旧十分严重。

3. 产业技术创新服务体系的情况

技术创新服务体系提供了政府形成和执行关于技术创新的政策的基本框架，是创造、储存和转移知识、技能和新技术的相互联系的机构网络，可为“三化”在城市－区域系统中的顺畅运转提供重要支持与保障。自1995年12月河南省生产力中心成立以来，技术创新中心为政府实施可持续发展、“科教兴豫”等战略，传播国内外科技信息等方面做出了重要贡献。截至2013年底，省级以上企业技术中心923个（国家级69个）；工程实验室265家（国家级27个）；省级以上工程技术研究中心923个（国家级69个）；技术市场签订合同3799万份，技术合同成交金额41.39亿元，比上年增长2.9%；获得国家科技进步奖15项，省级科技进步奖338项；获批国家自然科学基金项目698项；研究与试验发展（R&D）经费支出367亿元，同比增长18.0%；科技型中小企业创新基金项目167项，获得中央财政拨付资金1.0846亿元。河南省科技经费在总量上保持快速增长，但从全国层面而言，仍处于中游的水平，提高的空间还很大。此外，河南省在融资方式及总体规模上仍十分有限，特别是债券融资、风险投资、投资基金、信用担保以及政府引导下的银企合作等新的科技投资方式，尚处于起步阶段。

政府、企业和科研机构在技术创新服务体系中承担了不同的角色，三者只有分工明确、相互配合，才能加快产业技术创新服务体系的科学建设。河南省政府制定了一系列政策、法规，为促进科技成果转化为现实生产力作出了重要的保障，如《河南省科技厅关于全面落实推进科技管理依法行政的实施意见》《河南省科技进步条例》《河南省促进科技成果转化条例》《河南省科技基础条件平台建设实施方案》等。企业在技术创新过程中起着十分重要的作用，河南省政府对创新性产业、企业给予了大力支持。河南省各科研院所的许多科技成果，在政府与中介服务机构的推动下，一部分中小企业在投入较少资金的情况下将科技成果转化为产品投入市场。但目前河南省有关创新服务机构的政策法规还比较缺乏，在税收、收费等方面没有明确的规定，已有投资优惠政策也未得到较好的落实。此外，河南省政府还应作为介入与其他核心要素交互作用的独立因子并与这些要素一起构成技术创新系统的主体部分。总之，在技术创新体系中，政府不能成为企业技术创新行为的干预者，而应在创新协作过程中实现制度与体制创新，保证科研机构、企业、大学紧密联系并与地区的创新目标相统一。

4. 产业投融资平台构建状况

2009年之前，主体区的省级投融资平台仅有河南省建设投资集团公司、河南省农发科技有限公司、中原证券股份有限公司、中原信托有限公司、百瑞信托有限公司、河南省中小企业担保公司等几个公司。2008、2009年金融危机以后，主体区出台《关于推进地方政府投融资体系建设的指导意见》。该意见指出，要求河南省建立多层次的投融资体系，实现大融资平台建设。2010 年以来，主体区产业投融资平台进行了调整与合并，“一集团多公司”的大融资平台成为河南省构建的高级别投融资平台，在地区经济发展的投融资平台建设方面取得了积极效应：①作为大型投融资平台，有力地壮大了河南省政府的投融资能力和调控经济的能力；②作为大型投融资平台，改变了经济发展的财政支持方式，强化了政府对市场的金融调控能力；③作为大型投融资平台，有利于加强政府与金融机构的合作；④作为大型投融资平台，政府在实现经济调控目标的同时增加了社会效益。

当然，主体区这种大融资平台运作方式，在取得上述成效时也出现了市场化运营方面的负面效应：①企业市场竞争不充分，有垄断运营的迹象。在重组之前，河南省及外地企业，可根据市场条件和地方优势进行自由竞争，而重组之后大融资集团资金雄厚、规模结构大、掌控资源多，官本位思想易取代市场配置的思想，也易形成垄断经营的局面。②运行方式行政化，执行效率下降。由于大型融资集团整合了多种部门与机构，人事任命多数属于行政化，因而在进行运营决策时易形成“小团体化”，容易造成决策的拖沓、争议和搁置，影响运营决策良机。另外在一些国投机构中，机构部门浮肿、人员编排多，这也某种程度上导致了业务流程复杂、执行效率低。③人员引进内部消化多，专业人才有所缺失。由于投资融资决策的专业性，集团企业各机构对人才引进的门槛较高，对市场机会的捕捉和把控均需要一定的敏锐性。然而，在具体操作中，一些城市在组建公司的智囊团队时，多数属于内部提拔，引进的高层次人才较少。

（三）中原经济区产业发展面临的问题

尽管改革开放特别是进入 21 世纪以来，本区持续不断地推进结构调整，但由于巨大的发展惯性，长期形成的产业结构粗放、发展水平低、质量效益差，尤其是主导产业竞争力不强、技术水平低和过于依赖能源原材料行业的状况尚未有根本性的改变。目前本区的产业结构和空间布局方面主要存在以下问题：

1. 产业结构有待进一步优化

2013 年，中原经济区三次产业结构为 13.2 ：54.4 ：22.4，与全国平均水平相比，第一产业比重相对较高、第三产业比重严重偏低。其中，第一产业比重高出全国平均水平 3.2 个百分点，第三产业低于全国平均水平 23.7 个百分点。第一产业比重较高的主要原因是该区属于全国重要的粮食主产区，农业发展历史悠久，农业基础地位牢固，造成该区农业一直在经济结构中比例相对较高，第三产业比重过低则显示本区产业发展的层次不高，本区经济的发展主要依靠第二产业的支撑，工业的快速发展带动了本区经济的不断增长，这造成第二产业在经济结构中的比例较高，然而由于经济发展水平的层次较低，以“互联网”为代表的现代新兴技术产业发展较慢，现代服务业水平较低，造成第一、第二、第三产业比重失调，阻碍了全区经济发展水平结构的有效提升。

2. 农业内部结构有待进一步完善

由于全区内拥有大面积的粮食生产核心区，因此种植业产值依然是农业产值的主要组成部分。就主体区而言，种植业增加值占第一产业增加值比重达到 60.56%，高于全国（53.09）平均水平 7.47 个百分点。种植业在农业中的比重偏高，林业、渔业发展明显不足，农业多样化指数较低，农、林、牧、渔业比例不协调，造成农业经济效益低下，农民增收困难。从农业现代化发展看，效益较高、附加值高的农业类型产业发展相对不足，种植业仍偏重于传统的粮食种植，蔬菜、水果、园艺作物产值占种植业的比重与山东省相比低了 6.6 个百分点，比较效益不高。近年来，本区畜牧业发展较快，2013 年，增加值占农、林、牧、渔业的 33.5%，然而与同样是农业大省的四川（40.35）相比，低了 6.85 个百分点。比较而言，中原经济区主体区农业内部结构依然不合理，仍需进一步完善。

3. 工业主导部门资源导向明显

中原经济区的工业与资源有着较为明显的耦合关系，现有的以能源原材料及其初加工为主的产业结构也是与自身资源赋存有着很大的关联，其中，采掘业作为本区第二产业的最上游部门，在第二产业中占有重要地位，而且随着基本原料的紧缺，其地位也不断加强，同时对下游产业的影响也日益加大。目前本区采掘工业、资源加工和农产品初级加工业占规模以上工业增加值的比重达70%。本区在全国产量排名靠前的工业产品主要是煤、铝、纱、水泥等初级产品，汽车、集成电路、电脑、手机、空调、冰箱等终端或高端工业品产量排名均比较靠后，2013年，本区工业增加值靠前的行业为非金属矿物制品、煤炭、农副食品、通用设备制造业、有色金属、化学原料及化学制品等，资源导向性明显。

4. 工业内部结构亟待优化

从工业内部结构考察，重化工业倾向开始显现，但与周边地区相比制造业高加工程度不高，特别是装备制造业发展缓慢。在重工业中，装备制造业具有产业关联度高、产品附加值高、产业链条长、技术含量高和经济带动力强等特点，是区域工业化水平经济和科技实力的总体体现，是关系区域长远发展的战略性产业，其比重的变动能够反映重工业内部的结构升级态势。从近几年河南省通用设备制造业、专用设备制造业、交通运输设备制造业、电气机械及器材制造业等高度工业化制造业比重不断提高，这也反映了主体区工业化进程的不断加快。但与广东、江苏、浙江、湖北相比，高度工业化制造业的比重相对较低，这说明本区重工业发展偏重于资源性产业，产业内部结构有待进一步优化。

5. 服务业内部结构不尽合理

改革开放以来，中原经济区第三产业增加值占GDP比重从17.6%增长到2013年的32.4%。尤其是近年来，随着中部崛起发展战略的实施，中原经济区各级政府加大了对第三产业的投入，第三产业增幅逐渐加快。尽管近年来发展速度不断增快，但总体上看，第三产业的发展仍然相对滞后，整体发展水平偏低，占GDP的比重从2003年起一直徘徊不前。且在内部构成中，第三产业基本上以传统产业为主，新兴服务业发展虽快但总量较小。交通运输、仓储、邮电通信业及批发和零售贸易、住宿和餐饮业等传统服务业增加值占第三产业增加值总量的43%以上。而信息软件业、金融保险等现代服务业和新兴服务业的比重较低，特别是具有比较优势、代表产业发展方向的金融保险、房地产开发、信息传输、计算机服务和软件业、旅游会展、现代物流、科技文化、教育卫生等现代服务业发展不足。限制第三产业发展的一个重要原因是本区的工业结构比较粗放，能源、原材料及初加工等劳动密集型产业占了较大的比重，深加工、高新技术、金融、保险等技术密集型、资金密集型、智力密集型和服务密集型产业所占的比重较小，由于前者对资源、劳动力需求较大，后者对技术、人才、信息、市场等需求较多，因此可以说，本区的工业结构不合理在一定程度上也制约了第三产业的发展。

6. 就业结构偏离产业结构

2013 年，主体区三次产业从业人员的结构为 40. 1 ：31. 9 ：28. 0，而三次产业增加值结构为 12. 6 ：55. 4 ：32. 0，两者错位较大。不难计算，第一产业结构偏离度为负值，第二产业产业结构偏离度为正值，且两者数值都比较大。第三产业偏离度较小，变化相对平缓且逐渐接近于零。从总体上看，产业结构不平衡，第二产业比较劳动生产率较高，但第一、第三产业比较劳动生产率明显低于全国平均水平，结构效益较低，有大量劳动力需要调整转移，尤其是第一产业，仍有大量的剩余劳动力。

7. 各地产业竞争加剧

作为一个经济区，就要求各城市或各亚区在经济区内部承担不同的功能，形成分工合理的有机整体，从而增强整个经济区对外竞争力。在中原经济区内，各城市的定位不清晰，存在比较明显的内部竞争现象。比如郑州作为中原经济区的核心城市，不仅没有很好地对周边城市产生应有的辐射带动作用，而且对周围相关地区的生产要素产生了很大的吸引作用。郑州、洛阳、新乡、焦作、平顶山等城市都提出要建立物流中心或区域性交通枢纽的目标，这在城市群内部必然会产生较大的内部竞争，使经济区内部很难在短期内形成较大的物流规模。作为节点城市的城市功能也有不少重叠，造成了城市群内部的竞争比较激烈，难以形成整体的对外竞争优势。此外，在中原经济区中，还有一部分矿业城市的城市功能比较单一，正面临着经济转型，城市的综合功能还不完善，比如焦作、平顶山等，其替代性产业发展仍不够充分，经济转型还需要一定的时间，能否真正承担其在城市群中的相应功能也还需要实践的检验。

8. 产业布局集中度不高

首先，从形式上看，尽管近些年来各地都新建了新的产业园区，许多企业已经进入园区发展，但在区内城市建成区中仍存在大量企业，这些企业通常在地理空间上是相对分散分布的，而从全区的角度来看，现有的产业园区分布在空间上也较为均衡，产业集中程度相当有限；其次，企业间分工还停留在一个较低的水平上，大部分企业仍处于孤立的、自发的状态，相互之间缺乏有机联系，“小而全”现象非常突出；最后是没有形成有效的产业链经济，产业链普遍较短，纵向产业配套还很不深入，产业之间联系不强，产业链结构横向演进速度缓慢，抗风险能力较弱。

（四）中原经济区产业发展的重点

1. 现代农业发展重点

（1）加强粮食生产

贯彻落实《全国新增500亿公斤粮食生产能力规划（2010—2020年）》，组织实施《河南粮食生产核心区建设规划（2008—2020年）》，进一步稳定提高粮食综合生产能力，培育涵盖良种开发、粮食生产、粮食收储、粮食加工、食品加工、物流销售、循环利用等环节的完整粮食产业链和产业集群。通过稳定粮食播种面积，优化品种结构，提高单产和品质，确保全区粮食播种面积稳定在1.45亿亩以上。在粮食主产区的95个县（市、区），实施水利设施、基本农田、防灾减灾、农业科技创新、农业技术推广、农业生态、粮食物流、农业机械化八大工程，大规模建设旱涝保收高标准农田，改造中低产田1000万亩，建设高产稳产田1000万亩，实施土地整理1000万亩，全区有效灌溉面积达7850万亩；以建设“吨粮田”为目标，力争每个县（市、区）建设1～2个万亩高产示范方。加快推进农业机械化，秋粮机械化收获水平达到50%，实现粮食耕种收一体化、标准化作业。完善粮食生产支持政策，探索建立有利于粮食稳定增长的长效机制。

（2）大力发展现代畜牧业

认真组织实施现代畜牧产业发展规划，按照规模化、集约化、标准化、产业化、信息化发展方向，大力调整畜禽结构，坚持“提猪、扩牛、壮禽”的方针，重点提高生猪产业竞争力，扩大奶牛、肉牛、肉羊等优势产品的规模，进一步壮大禽类生产。大力调整畜牧业空间结构，加快发展相对集中的畜产品优势集聚区和畜产品加工企业集群。优化畜禽养殖结构和生产布局，重点提高生猪产业竞争力，扩大奶牛、肉牛等优势产品的规模。大力发展优质安全畜禽产品生产基地和加工企业集群。巩固提高京广铁路沿线、南阳盆地和豫东平原的传统生猪产区生产能力，扩大豫西、豫南浅山丘陵区的生猪养殖规模。继续抓好沿黄地区和豫东、豫西南“一带两片”奶业基地建设，加快良种奶牛推广改良步伐，鼓励发展牧场式生态养殖，建设奶牛专用牧草生产基地。支持建设良种肉牛规模养殖场，重点发展豫西南和豫东平原两大肉牛生产基地。大力发展豫北、豫东肉禽和豫南水禽生产基地，重点发展集约化规模养殖场。实施畜禽良种繁育推广工程、标准化规模养殖场改造工程和动物防疫体系、无规定动物疫病区、畜产品质量监测检验和追溯体系建设项目，提高畜产品质量安全水平和市场竞争力。

（3）加快发展特色高效农业

积极调整种植业内部结构，大力发展花卉园艺、林果、蔬菜、茶叶、中药材、油料、棉花等高效经济作物。积极推进花卉、蔬菜、水果等园艺产品设施化生产。充分发挥花卉苗木产业的先导作用，扩大花卉种植规模，建设郑州、许昌、洛阳、豫东开封商丘、豫南南阳信阳、豫北濮阳安阳六大花卉核心产区。切实抓好“菜篮子”工程，实行菜地最低保有量制度，在优势区域和重要交通干线沿线地区建设2600万亩标准化蔬菜种植基地，重点在中心城市周边地区建设蔬菜生产基地，完善蔬菜冷链物流网络。加快发展花生、芝麻等优质特色油料作物，建设2400万亩优质油料生产基地。积极发展优质茶产业，重点建设大别桐柏和伏牛丹江两大茶产业基地，做大做强绿茶产业，大力开发红茶新产品，培育豫茶名牌产品和名牌企业。加快推进林果业发展，建设豫西、豫南高标准林果种植基地和沿黄速生丰产用材林基地，支持发展生物质能源林，建成800万亩标准化林果种植基地和1000万亩速生丰产用材林基地，大力开发林果加工产品。实施水产良种工程，积极发展特色高效水产新品种。建设400万亩道地中药材种植基地，培育一批中药材加工龙头企业。鼓励各地因地制宜发展优质棉花、烟草、食用菌、蚕丝等特色农产品，培育一批特色高效农业示范区。

（4）强化农业生产基地建设

第一，围绕中心城市建设都市农业区。拓展农业衍生服务功能，大力发展具有观光、休闲、旅游、生态、科技示范功能的城市服务型农业，实现城市化与农业现代化的协调推进。围绕城市发展定位，对都市农业进行分层布局。在城市市区，以优化环境、改善生态、美化城市、服务城市为目的，重点发展城市景观农业、会展农业、森林公园等。在城市郊区，以生产、生态和生活休闲功能为重点，重点发展绿色蔬菜、高档花卉苗木等精准设施农业，结合农业科技的创新转化，建设农业高新科技示范园区，积极发展集自采、休闲、娱乐于一体的休闲观光农业园区。大力发展都市型鲜活、半成品等食品产业和现代农产品物流产业，重点建设郑州食品产业基地和雨润郑州国际农产品采购中心等项目，进一步扩大漯河“中国食品名城”的产业规模。

第二，在黄淮海平原、南阳盆地、豫北豫西山前平原建设规模高效农业区。这一区域以实现农业标准化生产与工业精深加工链条的无缝对接为目标，重点提升大宗农产品的产业化发展水平，全力拓展产品加工深度和资源利用深度，强化保障性基本农产品生产功能，建设成为农业现代化与工业现代化协调发展的示范区。加快推进粮食、棉花、油料、肉类、乳品等大宗农产品标准化生产基地建设，重点打造 95 个粮食主产县、51 个棉花大县、40 个油料大县、69 个生猪大县、52 个奶业大县、30 个肉禽大县、20 个蛋禽大县、15 个水禽大县，并吸引粮食、油料、肉类、禽蛋、饲料、酿酒、棉纺等方面的精深加工能力向该区域集聚，努力把黄淮海平原、南阳盆地、豫北豫西山前平原建设成为国家粮食稳定增长核心区、大宗农畜产品生产供应保障区、农业产业化发展示范区。

第三，在豫南豫西豫北山丘区建设生态绿色农业区。按生态规律和绿色农产品标准要求，在这一区域大力发展绿色农业，突出优势农产品的区域特色和高效致富功能，建设成为农业现代化与生态环境协调发展的重点区域。从编制生态绿色农业区建设的专项规划入手，重点发展肉牛、肉羊等食草型畜牧业和林果、中药材、茶叶、食用菌、烟叶、桑蚕等优势特色农产品以及绿色粮油等的生产。突出抓好优质水果、道地中药材、优质茶叶等标准化生产基地、生态农业示范园区建设。重点打造 30 个肉牛养殖重点县、47 个肉羊养殖重点县、54 个优质林果重点县、23 个茶叶重点县、20 个中药材重点县、20 个食用菌重点县、24 个桑蚕重点县，积极引进特色农产品加工龙头企业，培育一批全国知名的优势绿色农产品品牌，加快生产加工基地与国内外知名物流商和物流网络的结合，促进特色农产品出口外销，实现农业增效与生态建设的双赢。

第四，大力发展现代农业先导示范区。依托已批准建设的农产品加工业产业集聚区，围绕十大现代农业产业链条，建设 50 个左右现代农业先导示范区。加快建设郑州新区现代农业示范区，尽快发挥其对全区现代农业发展的引领作用。在先导示范区内，通过整合投资和产业融合，建立以规模化生产基地、精深加工基地和物流节点为主的全链条、全循环现代农业产业体系，并结合城镇建设和社会主义新农村建设，推动产业、人口、土地、村镇逐步集聚。

2. 现代工业发展重点

(1) 发展壮大六个高成长性产业

汽车产业。充分发挥比较优势和产业基础，坚持以专促通、以零促整、以市促产、联合发展的“三促一联”发展路径，积极引进战略投资者，以壮大产业规模和增强核心竞争力为主线，重点发展乘用车、轻型商用车、中高端客车、中重型载货车4大系列优势产品，壮大郑州日产、郑州海马、郑州宇通、郑州少林、驻马店中集华骏等一批龙头企业规模，推进开封奇瑞、恒天重工和华晨金杯等整车项目产品尽快进入市场。大力发展专用车，扩大冷藏保温车、市政用车、石油专用车、道路工程养护车、特种运输车等优势专用汽车生产规模，坚持以整带零、以零促整，推动整车与零部件集聚发展和互动发展，积极引进国内外汽车制造企业建设生产基地，重点加快推进郑州百万辆汽车基地建设和汽车零部件产业“一园六基地”建设（一园：郑汴汽车零部件产业园；六基地：焦作高新技术特色汽车零部件基地，许昌汽车传动轴制造基地，豫西汽车水泵、进排气管、减震器制造基地，新乡汽车转向器、三滤、汽车空调器、制动器制造基地、鹤壁汽车电子制造基地，安阳汽车铸造件基地），形成布局合理、结构优化、具有较强竞争力的汽车产业新格局。

电子信息产业。电子信息产业发展应以转方式、调结构为主线，强化原始创新、集成创新和引进消化吸收再创新，提高产业核心竞争能力，以关键技术为突破口，以产业集聚为抓手，着力发展电子元器件、信息安全、绿色照明、应用电子、软件及服务外包5大特色产业，积极发展消费电子、新型网络通信、新型显示3大潜力型产业，重点打造手机及关联配套、光电产业、LED（发光二极管）照明、新型平板显示4条产业链。在产业空间上，优化发展环境与区域布局，形成以郑州、洛阳、漯河、鹤壁、南阳、信阳、济源、许昌、新乡为重点的产业集聚发展格局。推进与富士康合作重点项目建设，突出抓好手机生产，大力提升精密模具、精密刀具、超硬材料等关联产业。力争到2030年，电子信息产业将继续保持健康发展、协调推进的基本格局，产业结构更加优化，创新能力大幅提升，掌握一批关键核心技术，培育一批在国际国内有影响力的重点骨干企业和名牌产品；建成一批产业链完善、创新能力强、特色鲜明的产业集聚区，成为本区战略性新兴产业的主要力量，为经济社会可持续发展提供强有力的支撑。

装备制造业。坚持重点突破，有所为有所不为的原则，持续增强装备制造业自主创新能力、服务增值能力、先进制造能力和产业配套能力，重点建设冶金矿山大型成套装备、工程机械及轨道交通装备、现代农业装备和输变电及智能电网装备 4 条优势产业链，着力打造石油化工装备、纺织食品专用装备、新型能源装备、数控机床和新型环保装备 5 条特色产业链。力争到 2030 年，形成布局合理、优势明显、特色突出的产业发展新格局，把本区建成全国重要的装备制造、创新和服务基地。积极引导装备制造业发展的各类生产要素向优势区域、优势产业、优势企业集中，促进龙头企业与配套关联企业良性互动，培育一批具有较强市场竞争力、产品特色突出的产业集聚区和产业集群。在产业布局方面，结合现有产业情况，重点布局在郑州、洛阳、许昌、新乡等高校和科研单位密集区周围，重点建设好洛阳动力谷、中原电气谷和郑州、洛阳、许昌、新乡的装备制造业基地，推动特色装备制造业集群发展。

食品工业。以构建食品工业产业链为导向，巩固具有国际竞争力的面制品、肉制品和速冻食品 3 大传统优势产业，做强国内具有较强竞争力的乳制品、饮料、休闲食品、果蔬、油脂 5 大新兴优势产业，积极发展调味品、淀粉制品、茶产品、食品添加剂 4 大高附加值产业，培育和完善面制品、肉制品、乳制品、油脂加工业、休闲食品业、果蔬加工产业、饮料产业、调味品产业等产业的链条，形成具有中原特色的食品加工链条。依托龙头企业和优质原料基地，引导食品工业向大中城市和农产品主产区聚集，推动销地加工和产地转化并进，形成优势产业突出、配套体系完善、规模效益显著的产业密集区。支持优质农产品主产区的县（市、区）加快食品工业园区建设，按照土地集约、产业关联的要求，科学规划，为食品工业发展提供必要的服务和基础设施，形成一批特色食品工业园区。加大漯河、许昌等水环境承载力较弱区域的食品工业污水处理能力，引导新增食品产业规模向具有较强承载能力的郑州、周口、安阳等区域布置，构建漯河、郑州、许昌、商丘、周口、驻马店6大产业密集区，打造在全国具有重要影响的沿京广食品产业带和若干个重要的食品产业集群。

轻工产业。以产业集聚区为载体，以集群链式发展为途径，着力提升塑料制品、家具、造纸三个产业竞争优势，培育壮大皮革制品、包装印刷、电动自行车、家电四个特色产业，积极承接玩具、文体用品、五金工具、洗涤用品、陶瓷、灯具等产业转移，培育发展一批行业龙头企业、优势品牌和产业基地，形成空间布局合理、高中端产品主导、配套体系完善的产业发展格局，建设国内低成本、创新型、绿色环保的轻工产品制造中心。通过政策引导、环境营造、平台搭建和信息服务等方式，构建高水平产业转移载体，培育智慧园区集群化产业链条，积极引进国内外知名品牌，带动产业升级。在产业布局上，应依托现有产业基础，加大产业整合力度，促进产业集聚发展，推进郑州、新乡、民权家用电器产业集群和郑州、洛阳、信阳、濮阳等家具产业集群建设，重点建设孟州桑坡毛皮、鄢陵箱包皮具、平舆制革、周口制鞋等基地，大力推进濮阳灯具、许昌箱包、信阳小家电等特色产业集群加快发展步伐。到规划期末，本区轻工产业规模进一步扩大，产品结构得到优化，科技对产业发展的支撑得到明显提升，成为全国重要的消费品制造基地和具有国际竞争力的轻工产业大区。

建材工业。以提高产业发展质量和效益为目标，大力发展节能、环保和绿色建筑材料，通过技改提升水泥、耐火材料产业优势，努力提高平板玻璃、非金属矿产品精深加工率。重点发展中高端建筑陶瓷、卫生洁具陶瓷、化学建材、高档石材、石膏轻质复合板等新型建材，全面提高建筑卫生陶瓷产品档次和技术含量，优先发展新型墙体材料、装饰装修材料、隔热隔音材料等节能环保绿色建筑材料。做大做强水泥产业，扩大水泥制品规模，推进利用水泥窑协同处置城市垃圾和污泥工程建设。提高平板玻璃、非金属矿产品精深加工率，着力发展优质浮法玻璃、超薄超厚超白玻璃、超薄电子基板玻璃以及光伏太阳能玻璃等产品，大力发展支撑军工、环保、新能源和建筑等产业发展的非金属矿制品。力争到2030年，构建起技术先进、资源消耗少、节能、低污染、附加值高、市场竞争力强的产业体系，实现由建材大区向建材强区的转变。重点建设豫北、豫西、豫中三大水泥生产基地，洛阳、濮阳、安阳玻璃及玻璃深加工产品集群，安阳内黄集聚区和鹤壁石林建筑陶瓷园区陶瓷产业集群，新乡、焦作、漯河新型建筑材料生产基地，新密市、巩义市耐火材料产业集群，信阳上天梯和南阳南召非金属矿深加工基地。

（2）改造提升五个传统优势产业

化工产业。大力推进煤化工、盐化工、石油化工融合发展，重点打造煤—焦炉煤气—甲醇—二甲醚、甲醇—二甲醚—烯烃—化工产品、焦化苯制已二腈、甲醇—醋酸—醋酸纤维4大煤化工产业链，化工轻油—烯烃、烷基苯、甲苯等石油化工产业链，盐—烧碱—PVC、氯气—盐酸、偏硅酸钠、AC发泡剂、环氧丙烷、环氧氯丙烷等盐化工产业链，同时，加快化肥、农药等农用化工技术改造，实施以颜料和涂料、化学添加剂、化学助剂、感光材料4大产业链为主的精细化工产业提升工程。力争到2030年，通过技术创新使行业技术达到国际先进水平，扭转目前产品结构中基础产品多、高端产品少的局面，形成主要产品生产能力继续保持行业领先地位，煤化工、石油化工、盐化工三个产业较为均衡、高端石化产品比重较高的化工产业体系。依托永城、义马、驻马店、濮阳、获嘉、襄城等煤炭资源，建设永城、义马、驻马店、濮阳、获嘉、襄城6大煤化工产业集聚区，重点发展烯烃、二甲醚、乙二醇、1，4—丁二醇、聚甲醛、醋酸、高比例混合汽油等甲醇深加工产品；依托舞阳县、叶县、濮阳等盐矿资源，建设平漯、焦济、鹤壁、濮阳和南阳五大盐化工产业集聚区，完善烧碱产业链、壮大纯碱产业链；依托中石油商丘千万吨炼油厂、中石化洛阳分公司和中原油田石化总厂等石油资源，建设洛阳、濮阳、商丘三大石油化工基地。

有色工业。以提高产业国际竞争力为目标，通过实施企业规模化、产品高端化、经营国际化、原料多元化发展思路，进一步优化产业结构，积极延伸产业链条，以精深加工和终端产品为主攻方向，不断延伸加工链条，努力提高中高端精深加工产品比例，鼓励发展有色金属终端加工产品，提高有色金属回收利用比例，着力发展铝、镁、铅锌、钨钼、铜、钛6大产业链。重点建设洛阳、焦作、郑州三大氧化铝基地和洛阳、焦作、平顶山、商丘等电解铝基地，加快建设巩义百万吨铝深加工示范基地、长葛大周百万吨金属铝再生利用示范基地及上街铝工业园区、巩义市产业集聚区、长葛市大周产业集聚区等特色园区，推进济源玉川产业集聚区、安阳再生铅回收利用基地、鹤壁鹤山产业园区、洛阳新安县产业集聚区、栾川县钼钨产业集聚区等有色金属加工基地。形成以洛阳为主体，以安阳、焦作、新乡为辅的有色金属产业发展格局。

钢铁工业。坚持以增强产业核心竞争力为目标，立足技术进步、精深加工，弥补产业短板，加快产品结构升级换代，推动组建产业联盟，加快战略合作与战略重组，提高产业集中度，实现钢铁企业由生产经营型向生产服务型转变。加快骨干钢铁企业装备大型化、工艺现代化改造，重点发展高强度建筑和机械用钢，扩大专用宽厚板、优质棒线材、汽车大梁用板，容器板、高强度耐腐蚀耐超低温等特宽厚板，精密钢管、耐腐蚀钢管等优质钢系列品种，形成“高、特、专、精、深”为主导的产品结构。力争到2030年，钢铁产业粗放发展方式得到明显转变，形成产业结构改善，布局合理，创新能力增强，企业综合竞争力显著提高的产业发展局面。在空间上，按照集约集聚发展的要求，推动资金、资源等生产要素向优势地区和重点企业集中，形成“一区（安阳地区）”“五点（包括平顶山的舞钢、济源的济钢、南阳的龙成、信阳的信钢、郑州（洛阳）的永通等五个钢铁企业。）”的钢铁产业布局及专业化生产基地，根据产品批量合理规模、生产工艺和循环经济要求，合理确定重点企业生产规模。

纺织工业。按照发挥优势、优化结构、龙头带动、培育品牌的总体要求，强化企业提升、节能环保、设计创意、品牌塑造、产业配套关键环节，突出发展服装、面料、家用和产业用纺织品等终端产业，改造提升棉纺织和化纤等传统产业，高起点适度发展印染产业，大力承接中高档面料和服装产业转移。到规划期末，本区纺织产业将全面融入国内和全球供应链体系，产业结构进一步优化，自主创新能力明显提高，产品品种质量显著改善，基本形成现代纺织产业体系，将本区建设成为全国重要的纺织工业基地和具有国际竞争力的纺织工业强区。在空间布局上，加快建设郑州、安阳、新乡、南阳、睢阳、扶沟形成6个印染行业染整集群和郑州中原纺织服装产业园、新密曲梁服装工业园、二七区服装园、淇县新纯服装产业园、商丘市睢阳服装园、安阳纺织产业园、滑县产业集聚区、镇平县产业集聚区8个服装加工产业集群。鼓励其他地区根据产业基础和资源条件，积极发展特色纺织产业，形成分工合理、特色鲜明、优势突出的产业布局。

能源产业。根据河南省煤炭工业中长期发展规划，煤炭产量将维持在2亿吨左右。综合各种资料，我省煤炭产需将由目前基本平衡略有缺额，转变为今后新增煤炭需求均需从外省调入，且调入量呈逐年加大的态势。从宏观上讲，在全球能源如此紧张的今天，河南省水力资源已基本开发完毕，石油资源短缺，占全国2.4%的煤炭资源要支撑6%的GDP和7.5%的人口，压力较大。同时我国经济发展的重点是调整经济结构和转变发展方式，从能源结构调整来讲，将会加快可再生能源和新能源发展，控制煤炭过快增长。因此，本区能源产业发展控制煤炭生产，以大型能源基地建设为重点，优化火电布局，同时积极发展生物质能源、核能，丰富能源供应体系。到规划期末，将本区打造成为全国重要的综合能源生产基地，构筑清洁、高效、稳定、经济的能源供应体系。

(3) 积极培育五个战略新兴产业

新能源汽车。坚持依托基础、联合高端、强化联盟、系统运作，着力提升自主创新能力。以发展纯电动客车、轿车、低速微型车为方向，以驱动电机、动力电池和电子控制技术为突破口，着力突破整车设计、动力系统控制、强电保护、大容量锂离子电池关键材料、超级电容模组、永磁电机及其控制系统、电池管理系统等关键技术，推动电动客车、电动小轿车、微型电动车的整车制造产业化。依托郑州宇通、河南少林、河南新美景整车企业为龙头，重点发展纯电动客车及公交车；依托以郑州日产、三门峡速达、郑州海马为骨干，重点发展中高档纯电动轿车及商务车；以河南龙瑞、河南奔马、新乡新能、新乡新马企业为依托，重点发展纯电动低速车。依托新乡环宇集团、金龙集团、中航锂电、科隆集团、多氟多等骨干企业，积极打造新乡百亿动力锂离子电池产业链，形成国内一流的动力电源系统生产中心。加快建设一批国内有重要影响的关键零部件生产基地，重点推进以南阳嘉远、南阳防爆、金润新动力、瑞发水电、通宇新源、三门峡速达为骨干的豫西南电动汽车电机及驱动系统生产基地和以中国电子 27 所、中航电动汽车为龙头的郑州电动汽车电机及动力总成生产基地，以及许继智能充电站系统生产基地等建设步伐。探索形成裸车销售、电池租赁、充电和换电相结合以换电为主等具有商业可行性的市场推广模式。

生物产业。坚持园区发展、链式发展、龙头带动、项目支撑的发展思路，推动生物医药、生物农业、生物制造快速发展。生物医药重点发展生物技术药物、现代中药、化学创新药，积极发展新型生物医药材料等生物医学工程技术和产品，实施品牌战略，培育龙头企业，推动企业重组整合，建设国内一流的新型医药产业基地，培育千亿元生物医药产业。生物农业重点发展生物育种产业和绿色农用生物产品，加快提升重大品种创制、良种繁育、产业化及销售等育繁推一体化能力，支持采用基因工程技术培育畜禽良种，积极推进生物兽药、畜禽疫苗、生物农药、生物肥料、生物饲料等绿色农用产品发展，增强产业竞争力，为现代农业发展提供支撑。生物制造大力推进酶工程、发酵工程技术和装备创新，重点发展生物基平台化合物、氨基酸、新型酶制剂等产品，大力推动绿色生物工艺在化工、制浆、印染、制革等领域关键工艺环节的应用示范，提高生物产业竞争力。形成以郑州、新乡、驻马店、安阳、商丘等为支撑的特色生物医药产业集群和新乡、鹤壁、周口等为支撑的生物育种产业集群。

新能源产业。按照创新引领、企业主导、项目支撑、集聚发展的基本思路，重点发展太阳能光伏及生物质能产业，着力突破纤维乙醇产业化、多晶硅清洁生产、薄膜太阳能光电转换效能提高等一批制约产业发展的关键技术，积极打造太阳能光伏、生物质能等特色产业链。以豫西沿黄山地、伏牛山东部丘陵山地、大别山区和太行山东部等区域风能资源开发为重点，加快三门峡、南阳、信阳、平顶山、驻马店等地风电场建设步伐。加快南阳新能源国家高技术产业基地、洛阳国家级太阳能光伏产业基地、郑州薄膜太阳能电池产业基地、南阳、周口、新乡国家级生物质能新能源高技术产业基地、安阳国家级新能源产业示范基地等在国内有一定影响力的国家新能源产业基地建设。

新材料产业。以科技创新为动力，突出品级提升，延长产业链条，进一步完善超硬材料、钛合金、镁合金等新型合金材料产业，加快发展高强轻型合金、工程塑料、高性能纤维及复合材料，积极发展培育先进高分子材料等新型功能材料；发挥产业优势，重点发展高品级金刚石、立方氮化硼、新型刀具、磨具等产品，培育壮大超硬原辅材料—超硬材料—超硬材料制品—超硬材料装备产业链。加快建设洛阳新材料国家高技术产业基地，加快培育鹤壁镁合金、郑州、长葛、超硬材料核心区，形成以洛阳、鹤壁、郑州、三门峡、南阳、商丘为支撑的新型合金材料产业集群，以商丘、平顶山、洛阳、焦作、郑州为支撑的新型功能材料产业集群和以郑州、许昌、南阳、商丘为支撑的超硬材料产业集群。

节能环保产业。根据循环经济和低碳经济发展新需求，围绕降低消耗、减少污染和循环利用，重点发展基础条件好、市场潜力大、整体带动性强的节能装备产品、水污染防治装备、大气污染防治装备、固体废弃物处理和资源综合利用装备、环境监测仪器、环保材料和药剂等产品集群。以构建技术开发、成果孵化、设备制造、工程设计、公共服务等多功能、一体化的节能环保产业集聚区为目标，重点推进郑州省级重点环保节能产业园、洛阳再生资源回收利用加工、新乡环境友好产品生产、许昌大周镇再生金属回收加工国家循环经济试点园区、鹤壁金山环保科技园区等五大节能环保基地建设，形成产业特色鲜明、集聚效应明显、创新活力勃发的产业发展高地。

3. 现代服务业的发展重点

（1）加快发展生产性服务业

现代物流业。依托中原经济区现有的物流业通道优势，构建以郑州中心物流枢纽为重点，以洛阳、商丘、安阳、南阳、信阳、濮阳、漯河、许昌、三门峡、新乡区域物流枢纽为支撑，以九大综合物流园区和一批专业物流市场为载体，相互协调、布局合理的结点网络体系，把中原经济区建成全国重要的物流集散地。重点加强以下三个方面：①加强郑州国际物流中心建设。围绕提升国际物流、区域分拨、本地配送三大功能，加快推进物流、产业、市场间联合，仓储、分拨、配送间联网，对外集输和对内集配联动，不断推动产业优化升级。打造区域性物流信息枢纽和综合服务平台，支持物流企业构建跨区域物流网络，加快农村物流发展。积极引进优势物流企业，推进传统物流企业联合重组和改造提升，培育大型物流企业集团。鼓励工商企业物流业务外包，推动物流业与制造业联动发展，大力发展第三方、第四方物流，推动物流产业向价值链高端延伸。推动中原经济区现代物流业发展壮大，将郑州建设成为连接世界、辐射中西部地区的物流枢纽和集散中心。②合理布局物流节点。构建“物流枢纽（洛阳、安阳、商丘、信阳、南阳）—综合物流园区—专业物流市场”三级物流节点网络，形成网络体系完善、物流通道顺畅的一体化物流区域。③发展专业物流市场。围绕区域物流枢纽，结合综合物流园区建设，在区内重点规划建设安阳工业品和农产品物流市场；鹤壁建材和农畜产品物流市场；濮阳石油化工产品和农产品物流市场；焦作、济源煤炭物流市场；商丘粮食、棉花、蔬菜和农资物流市场；周口农产品、医药和项城调味品物流市场；信阳茶叶、粮油物流市场；驻马店农产品、农资和医药物流市场；南阳大宗和特色农产品、农资产品、棉纺产品物流市场；三门峡有色金属、果品物流市场。

现代金融业。以构建现代金融服务体系、培育金融市场、加快金融改革创新、优化金融生态环境为重点，以郑州金融商务区建设为突破口，大力发展银行、证券、保险、期货、信托等金融产业，保持金融总量的快速增长，提高金融效率，加快建设郑东新区金融商务区，进一步优化金融生态环境，吸引国内外金融机构设立区域性管理总部、分支机构和结算服务中心，将郑州打造为区域性金融中心城市。支持金融业做大做强，培育建立省级商业银行和保险公司，支持城市商业银行跨区域发展。积极培育保险市场，创新保险品种，拓展保险领域，扩大规模总量，推动保险业持续快速发展。加快创业投资、产业投资等股权投资和担保体系建设，大力发展证券、债券、基金、信托、担保、风险投资、资产管理、金融租赁、汽车金融、企业集团财务公司等非银行金融机构。加强农村金融体系建设，支持小额贷款机构、中小担保机构和各类政府性投资公司健康规范发展。创新融资模式，积极发展债券和期货市场，推动上市融资工作，建设发展区域性产权市场，创新业务品种，形成各类产权流转顺畅的操作平台。鼓励金融制度和产品的创新，探索创新土地、水资源、政府采购、公共资源招投标、排污权、碳排放权等要素资源交易模式。支持郑州商品交易所发展农产品、能源、原材料、工业品、商品指数期货及期权等新品种，打造成为全国重要的综合性期货交易平台，放宽市场准入，支持民营资本进入金融领域发展。增强金融业的竞争力和辐射力，把郑州建设成我国中西部地区重要的区域性金融中心。

科技信息服务业。以构建自主创新体系、提升科技服务水平为重点，整合开发科技服务资源，加强科技服务能力建设，构建功能完备、开放协作、运行高效、与国际接轨的现代科技服务体系。依托高新技术开发区、经济技术开发区、高新技术产业基地、大学科技园区等，大力扶持科技创新型企业，积极承接国家重大科技项目，增强自主创新和集成创新能力。加快建设一批具有国际或国内一流水平的研发中心，建立市场化、社会化运营和管理机制，强化省重点实验室和重点企业工程技术研究开发中心的对外开放和服务功能，促进科技成果交流和实用技术的推广应用。按照服务专业化、经营产业化的发展方向，培育建设一批面向中小企业的市县生产力促进中心、工业园区配套生产性服务中心。结合先进制造业和文化产业发展需求，以“创意设计”为重点，积极发展研发设计、工业设计、建筑设计、软件设计、咨询策划等产业，完善创意产业园区，发挥集聚效应，打造中西部地区重要的创意设计产业基地。加强信息服务基础设施建设，积极推进“三网”融合，发展互联网业务。继续推进电子政务，优化整合网络资源，推动部门间信息共享和业务协同。积极发展面向“三农”的信息服务，推进农村信息服务体系建设。重点支持邮电通信信息服务、计算机应用服务和与工农业生产、公共生活相关的信息咨询等普及性业务，鼓励视频协作、增值信息服务和专项信息服务等新兴业务。

商务服务业。适应产业和市场发展需要，进一步培育发展会计、法律、咨询、评估等中介企业，促进一批中介服务机构向集团化方向发展，形成功能完备、服务多样、满足经济社会发展需求的现代商务服务体系。依托大中城市建设商务服务集聚区，吸引国内外商务服务龙头企业、重要事业部门、研发机构等设立总部、营运管理中心、分支机构或研发中心集聚发展，进一步完善功能、提升水平。

会展、服务外包业。加强会展场馆及配套基础设施建设，尽快形成以郑州国际会展中心为龙头，全区大中小展馆布局合理、综合性与专业性展馆相配套的展馆格局。加快建设以郑州为中心的会展经济圈，重点扶持品牌展会，提高郑交会、糖酒会、药品交易会、农机交易会、图书博览会等一批知名品牌的国际影响力，扩大食品、花卉、玉雕等特色展会的品牌影响力。积极策划实施一批在国内外有重大影响的会展项目，支持会展企业走出去，开展跨区域联合办展，培育大型和特色品牌展会，建设区域性国际会展中心，把郑州打造成中西部地区会展名城。顺应全球性服务外包产业转移的趋势，整合服务外包资源，积极承接信息管理、数据处理、财会核算、工业设计等国际服务外包业务。以发展国际离岸服务外包业务为重点，大力培育一批具有自主知识产权、自主品牌、高增值服务能力的服务外包骨干企业。加快服务外包专业园区和支撑平台建设，加快建设创业能力强、科技产业发达的ITO（信息技术）中心和BPO中心（业务流程），全力打造具有国际一流水平的服务外包产业基地，有效发挥产业集群效应，带动全区服务外包产业快速发展。

（2）优化发展消费性服务业

文化产业。根据中原经济区华夏文明传承创新区的战略定位，大力构建文化产业新格局，积极调整文化产业结构，进一步优化区域布局，培育和发展重点文化产业，繁荣文化市场，打造具有中原特色的文化品牌。在空间上，以文化产业基地和产业园区建设为抓手，着力打造六大文化产业基地：建设郑东新区出版园区，使之成为具有强大资源凝聚效用和区域辐射能力的出版基地；建设河南出版物流配送中心，使之成为符合现代营销模式、覆盖中西部地区、面向全国市场的出版物发行基地；加快产业技术升级，建设具有区域带动和产业扩张能力的中西部地区印制基地；加快影视制作体制改革步伐，依托河南电视台、河南电影制片厂和各类文化工作室，建设具有现代化生产水平的影视制作基地；集聚人才和各种社会资本，抢抓市场机遇，建设创意、动漫游戏等新兴文化产业基地；发挥郑州地理区位和交通优势，积极吸引各种广告会展业务，将其建成全国重要的广告会展基地。打造南阳玉雕、烙画，开封汴绣、木版年画，平顶山汝瓷，许昌钧瓷，洛阳唐三彩，新乡青铜器复制，濮阳麦秆画，鹤壁黄河古陶等一批文化产品生产园区。建设濮阳、周口杂技，宝丰民间技艺，豫南民间歌舞，温县太极拳，登封少林拳等特色文化区块。加强开封市、登封市、禹州市、淮阳县、新县、浚县、宝丰县、镇平等文化产业试验区建设，吸引各地人才、项目、资金进入，形成研发创意中心、信息交流中心、产品生产中心，提高文化产业的层次。加强文化产业试验区建设，形成以文化产品生产区、主题公园、大型文化市场以及与之配套的生活服务等组成的综合性、专业性园区。重点发展以电子出版、影视、新型主题公园等高科技文化产业为主的文化产业园区。

旅游业。围绕建设旅游强省目标，构建“一区两带四板块（“一区”，即建设“中原历史文化旅游区”。“两带”，即黄河和南水北调中线旅游带。“四板块”，即文化旅游体验、都市观光休闲、山地休闲度假和乡村旅游板块）”的旅游空间格局，重点打造古都文化旅游目的地、山水度假旅游目的地、中国功夫旅游目的地、拜祖寻根旅游目的地、中原红色旅游目的地，通过旅游产业集聚区建设，打造一批精品旅游景区，谋划一批精品旅游线路，扶持一批骨干旅游企业，积极发展旅游新业态和新产品，力争把旅游业培育成为本区战略性支柱产业和人民群众更加满意的现代服务业，把本区打造成为中部龙头、全国一流、具有较高国际水准的旅游目的地，实现由旅游资源大省向旅游强省的新跨越。

培育旅游精品。提升文化旅游业以河南厚重历史文化为基础，以洛阳龙门石窟和安阳殷墟遗址世界文化遗产、郑州嵩山少林寺、开封宋都古城、炎黄始祖文化广场为主体，塑造具有国际吸引力的文化旅游品牌，将古都文化、宗教文化、武术文化、寻根文化等河南优势文化推向世界。围绕古都、寻根、民俗、民间工艺等文化资源，突出项目带动，通过高品位策划，促进旅游文化资源的整合，开发一批立足国内、面向国际的重点文化旅游景区和特色文化旅游产品，形成产业优势。加快开发“少林禅宗”“清明上河园”等一批实景演艺项目，增强景区吸引力和震撼力，使河南成为海内外有较高知名度的文化旅游目的地和入境游首选地之一。

拓展自然生态旅游业。以“一河三山”自然山水为基础，以云台山、嵩山世界地质公园、宝天曼、西峡恐龙蛋化石群等具有国际影响的优势自然旅游资源为重点，倾力打造世界级的自然旅游品牌产品。大力美化景区（点）生态环境，注重景观品位的提升和文化氛围的营造，迅速提高国内外知名度，使其成为具有国际吸引力的自然生态旅游精品。进一步提升龙峪湾国家森林公园、太行大峡谷风景名胜区等国家AAAA级景区以及老界岭、老君山、白云山等景区，通过道路连接和线路组织，优化连线连片开发格局，积极发展登山、探险、健身、水上游乐等多种旅游项目，拓展旅游功能，增强旅游的趣味性、参与性和知识性，使其发展成为具有较高知名度和较大吸引力的自然生态旅游产品。

积极发展休闲度假旅游新业态。依托郑州、洛阳等城市大力开拓商务会展旅游市场，发展商务会展旅游。依托伏牛山、南太行、嵩山、桐柏—大别山等国家AAAA级以上景区，发展自驾车、自行车旅游。依托嵩山中草药资源、宛西制药厂中药材种植基地、太极拳发源地陈家沟和四大怀药原产地，发展养生旅游。依托林虑山国际滑翔基地、小浪底黄鹿山拓展培训基地、伏牛山滑雪场、石漫滩水上运动训练基地等，发展户外运动旅游。依托鲁山温泉带、鄢陵温泉、龙门温泉、嵖岈山温泉、汝州温泉、陕县温泉、五龙口温泉、信阳汤泉池等温泉资源，发展温泉度假旅游。依托郑州商城大遗址文物旅游公园、二里头遗址、开封建设城摞城大遗址文物旅游公园、殷墟国家大遗址文物旅游公园等资源，发展大遗址文物旅游。依托龙门石窟、鲁山大佛、焦作云台山与陈家沟、信阳南湾湖等景区的实景演出或剧场演出项目，发展文化创意旅游。依托都市存量旅游资源，发展城市休闲与主题游乐园。

大力发展和培育旅游产业集群。根据旅游产业在各空间的集聚情况和未来战略布局，重点建设郑州新区旅游集聚区、焦作云台山旅游集聚区、郑州嵩山旅游集聚区、洛阳龙门文化旅游集聚区、平顶山尧山—大佛旅游集聚区、信阳鸡公山旅游集聚区、许昌鄢陵旅游集聚区、商丘永城芒砀山旅游集聚区、驻马店嵖岈山旅游集聚区、南阳卧龙岗文化旅游集聚区等十大旅游集聚区。

商贸服务业。以开拓市场、扩大消费为主线，改造提升商贸服务业，构建便利化服务体系。在市区重点完善市级商业中心、区域商业中心和社区商业中心三级商贸服务网络。在县（区）大力实施“万村千乡市场工程”“双百市场工程”，积极推进“县超工程”“农超对接”等，形成以县城为中心、乡镇和村组结合的商品流通网络体系。加快商业广场、特色商业街、商贸聚集区建设步伐，适应消费升级需要。大力发展连锁经营、物流配送、电子商务、多式联运等新型服务业态，推进社区商业“双进工程”（便利服务进社区、便民服务进家庭）。整合旅馆资源，提升酒店发展水平，满足多样化需求。鼓励老字号餐饮店实施连锁经营，积极发展具有地方特色的名牌餐饮。

社区服务业。以构建和谐社区为目标，创新服务方式，增强服务功能，满足居民家庭生活服务需要。不断完善社区生活服务设施、安全保障设施、医疗保健服务设施、休闲娱乐健身设施、人际交往场所等基础服务设施，重点发展社区卫生、家政服务、社区保安、养老托幼、食品配送、修理服务和便民服务。加快城市可再生资源回收网络体系建设，理顺社区管理体制，推进社区服务网络化、规范化。鼓励社会资本兴办各类社区服务，促进经营性社区服务产业化。强化社区再就业组织服务功能，鼓励失业人员和转岗干部创办多种形式的社区便民服务，促进社区服务业的健康有序发展。大力推进家庭服务业，引导和扶持有条件的家庭服务企业向规模化、网络化、品牌化发展。继续推进政府机关和企事业单位的后勤服务向社会化服务转变。

此外，加强对房地产业的市场指导和调控，增加普通住房供给，引导合理消费，规范市场秩序，满足居民多层次住房需求；健全公共卫生服务体系，提高卫生公平性、可及性和反应性水平；优先发展教育，提高教育现代化水平，促进城乡、区域教育均衡发展；加强基础体育设施建设和管理，促进群众体育发展；加强市政和环保服务建设，鼓励企业和个人投资市政设施、环保设施等的建设与经营，提高公用设施服务水平和环保节能效率；推进公共服务业体制改革，逐步实现公共服务供给主体多元化和供给方式多样化。

要积极优化消费性服务业的空间布局，推动服务业重点城市发展，着力打造郑州服务业核心增长极，大力培育中原经济区服务业核心区，积极推动其他中心城市服务业发展。加快重点服务业集聚区建设，依托城市中心城区规划建设一批商务服务、时尚消费、休闲娱乐等特色街区，尽快在全区形成一批功能特色突出、辐射带动作用强的服务业集聚区。

三、核心增长极培育

（一）核心增长极培育的重要意义

增长极理论是由法国经济学家弗郎索瓦·佩鲁（Francois Perroux）提出的。该理论认为，从区域经济增长过程看，经济增长并不是在各个地区普遍出现的，而是首先在一些区域条件好、拥有独特的资源禀赋的地区率先发展起具有创新的主导产业部门，这些主导产业部门的发展带动与之相关的前后、旁侧部门发展，形成很长的产业链，逐步形成区域经济的增长极。达到一定程度的增长极开始通过不同的渠道向周围地区辐射和扩散经济增长波，从而带动其他地区的发展。佩鲁根据支配效应引入了“推动型单元”，他认为增长极是“给定环境中的一个推动型单元”，是“与周围环境相结合的一种推进型单元”。布代维尔将增长极理论进一步完善和补充，他把抽象的地理空间转变为地理空间，认为增长极是“配置在城市地区并引导其影响范围内经济活动进一步发展的一组扩张性企业”；随后的学者对增长极也有了相关定义。因此，增长极概念有两种内涵，一是在经济意义上具有创新能力、规模大、增长快、关联效益大的推进型主导产业部门或企业；二是地理意义上拥有优势产业的集聚地区，可以是产业园区，也可以是核心城市、都市区，甚至更大范围的城市发展引领区。

核心增长极培育是区域经济社会发展的发动机，加快培育中原经济区的核心增长极对于实施中原经济区战略意义重大。中原经济区地处华夏腹地，其核心增长极的培育理应承担中原崛起、中部崛起的重任，但受制于经济社会发展基础、人口与城市规模、资源禀赋、市场与内部的差异、区域发展承载平台等方面的制约，核心增长极的辐射带动能力不强，从而导致整个增长板块的牵引辐射能力有限。从现实情况看，郑州市作为中原经济区的核心城市和增长极，但由于其首位度低，经济实力有限，集聚和辐射能力不强，导致其对核心增长板块中原城市群的辐射带动能力也不明显，从而对中原经济区外围区域的辐射力和带动力弱。从未来发展看，郑州航空港经济综合实验区的辐射带动能力不断增强，郑汴一体化快速推进，组建郑汴都市区、中原都市区作为中原经济区的核心增长极就显得非常重要和急迫。

（二）当前的核心增长极

从目前中原经济区的核心增长极，主要是依托郑州市域形成的城市密集区。河南省提出的“一极两圈三层”中的一极指的是以郑州为核心的城市群形成的一个都市区或者都市圈。可以说，郑州市作为中原经济区的核心增长极毋庸置疑，但目前其经济总量仍不够大、集聚功能优势依然发挥不够、辐射带动能力也较弱。在中部各省省会城市竞相发展的局面下，郑州市扩容了郑州新区建设，形成了新的城市功能区，扩大了郑州市区的空间范围。在郑汴一体化背景下，郑州新区、开封市城乡一体化示范区在郑汴产业带的带动下形成新的增长区域。近几年，河南省大力发展郑州航空港经济综合实验区，努力将航空港建成生态、智慧宜居的现代航空都市区和中西部地区对外开放高地，成为中原经济区新的核心增长区域。在郑州与开封联体发展的今天，组建大郑州都市区成为中原经济区建设的必然选择。

（三）提升核心增长极培育的重点

2013年12月25日通过的《中共河南省委关于科学推进新型城镇化的指导意见》是加快实现中原崛起、河南振兴、富民强省与打造富强河南、文明河南、平安河南、美丽河南宏伟蓝图的纲领性文献。该意见要求："提升郑州区域中心服务功能，深入推进郑汴一体化，促进郑州与毗邻城市融合发展，加快大郑州都市地区建设，增强在全省经济社会发展中的核心带动能力。"建设"大郑州都市地区"，已成为中原崛起刻不容缓的战略要务。

中原经济区建设上升为国家战略前后，各界关于建设大郑州都市地区的呼声就不绝于耳。例如，涵盖郑州市域一市七县（市、区）的"郑州都市区"，由郑州市区、开封市区以及二者之间的中牟县组成的"郑汴都市区"，郑汴、洛阳、新乡、焦作、许昌"五星联动"的"大郑州都市区"，包括郑州市域、开封市区、新乡市平原新区、焦作市焦作新区在内的"大郑州都市区"等。在中原这个特定的地域综合体里，以郑州为中心整合城市集群的带动能量，形成我国中部地区的核心增长板块，已在各界取得高度共识。但是，这个核心增长板块的"身份"界定、空间范围、成员组成、功能整合等关键问题，至今仍处于见仁见智、各抒己见的观念磨合状态。

河南省委的《指导意见》高瞻远瞩，首次在官方重要文件中提出了建设"大郑州都市地区"的命题。大郑州都市地区，是中原地区谋求科学发展的浓墨重彩，是中原地区现代化进程的强大引擎，是中原地区三化协调发展的示范标杆。

大郑州都市地区有着深刻的中原崛起战略背景。其一，中原经济区战略是中原崛起的总体蓝图，要求大郑州都市地区以城市集群的形式提供具有全国乃至国际意义的强大发展板块的支撑。其二，新型城镇化战略是中原崛起的执行主线，赋予大郑州都市地区城市集群在中原城镇化进程中的主体板块重任。其三，核心带动战略是中原崛起的必然选择，将大郑州都市地区城市集群推向了中原可持续发展牵引板块的位置。其四，郑州航空港战略是中原崛起的点睛之作，把大郑州都市地区城市集群带领中原腾飞的态势升华到了一个崭新境界。

大郑州都市地区的建设既要总体谋划又要分步设计“都市地区”（metropolitan region）是个外来词，是一个“家族”式的系列概念。如果为了显示其规模巨大、地位重要，加个形容词“大”（great）即可。笔者认为：在“都市地区”系列中，“都市区”（metropolitan area）、“都市圈”（metropolitan coordinating region）、“都市带”（megalopolis）与“都市连绵区”（metropolitan interlocking region）是空间尺度、人口规模、经济实力、中心强度由小到大的四种类型，是城镇化不同发展阶段的产物，是城市集群的地域空间组织从简单到复杂、从低级到高级演变的结果。

根据这个基本认识，大郑州都市地区的建设应该是一个既有连续性又有阶段性、既要总体谋划又要分步设计、既慢不得也快不得的可持续发展进程。放眼未来三十年上下，大郑州都市地区的主体架构可以这样谋划：

2020 年前后的大郑州都市区：在多年郑汴一体化发展与郑、汴新区建设的基础上，凭郑州航空港经济综合实验区与郑州都市区之强势，坚定不移地建设包括郑州与开封全域的“郑汴都市区”，打造中原经济区的“核心增长极”。

2030 年前后的大郑州都市圈与都市带：在多年沿黄经济带开发建设的基础上，以城市新区与产业集聚区建设为契机，发挥郑州、开封、新乡、焦作四城联动的效应，建设“郑汴新焦都市圈”，打造中原经济区的“核心增长板块”；在多年陇海沿线开发建设的基础上，借中原副核心城市洛阳与沿线工业城镇之力，发挥洛阳—郑州—开封工业走廊的产业优势，建设“郑汴洛都市带”，并沿陇海线向西向东延伸，打造中原经济区的“核心增长轴”。

2040年前后的大郑州都市连绵区：在多年中原城市群九市建设的基础上，充分利用在国家发展空间格局中的优越区位与已有的整合基础，发挥陇海—京广黄金大十字交叉的承东启西、联南通北效应，建设“中原都市连绵区”，打造中原经济区的“核心增长区域”。

发展要只争朝夕，发展也是百年大计。在以转变经济发展方式为主线的今天，发展的“顶层设计”既有现实意义，更有长远意义。“都市地区”这样的城市—区域综合体的跨区域、跨行业发展，由于尺度巨大、组织松散、协调艰难、历时弥久，其顶层设计不仅要看到21世纪第二个十年，也要看到第三、第四个十年乃至整个前半世纪。高瞻远瞩，科学谋划，升华发展意境，深化创新机制，大郑州都市地区必将在发展势能的内聚中矗立中原，在发展动能的外联中俯仰中华！

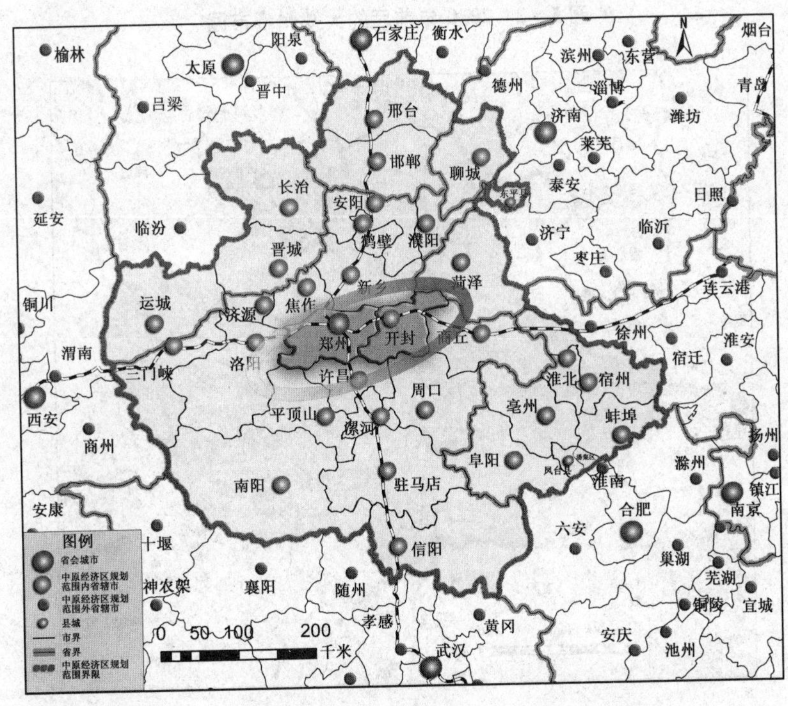

图5-1 2020年前后的大郑州都市区

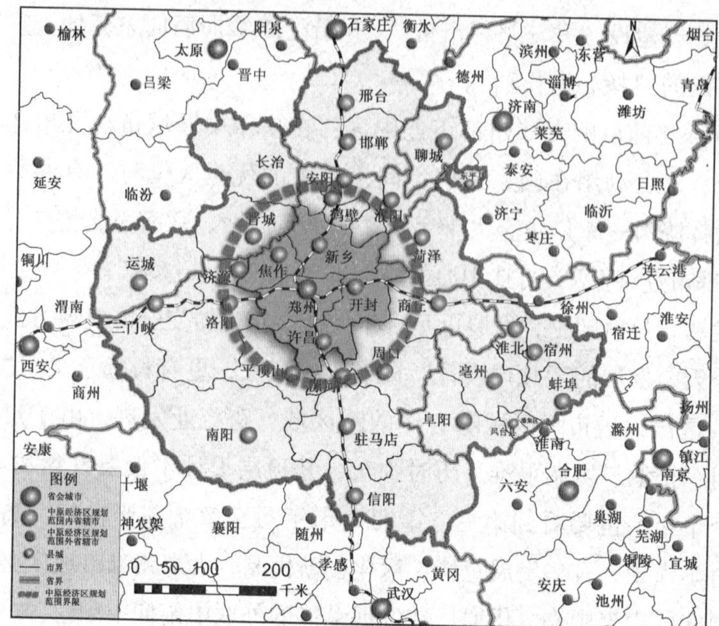

图 5-2　2030 年前后的大郑州都市圈

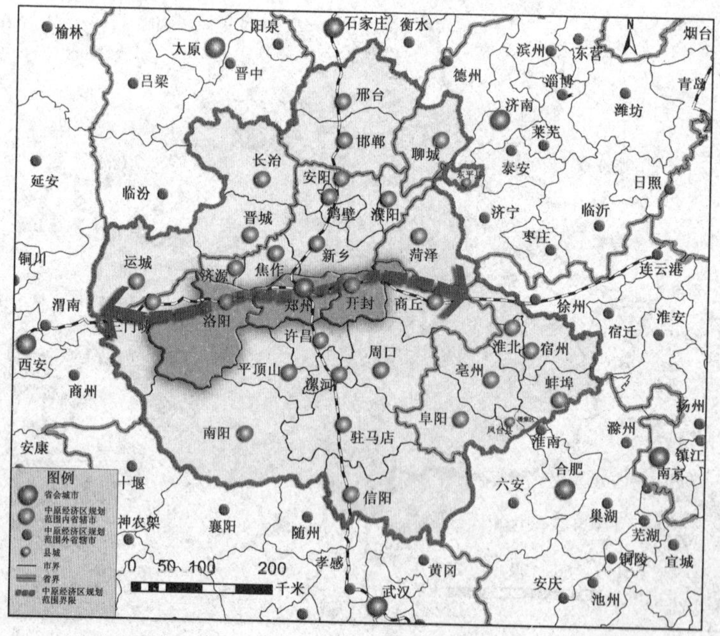

图 5-3　2030 年前后的大郑州都市带

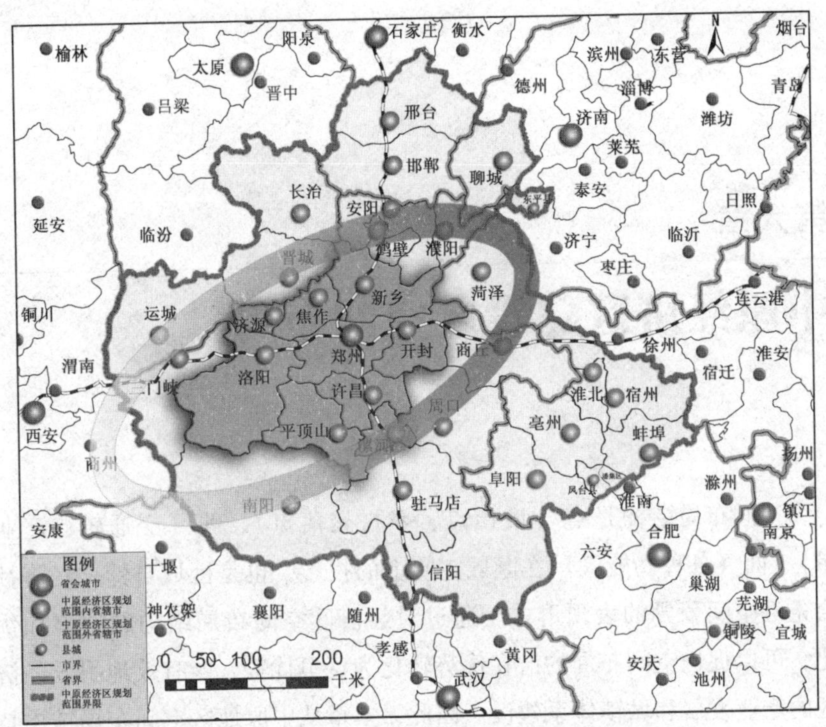

图 5-4　2040 年前后的大郑州都市连绵区

四、小结

粮食生产核心区建设、产业发展、核心增长极培育是中原经济建设的关键问题，这些问题能否逐一破解直接关系着中原经济区建设的各项任务能否实现。本章从上述四个层面的现状、问题、建设重点等方面展开介绍，提出了中原经济区建设的多方举措，对于发挥中原经济区的基础优势和后发优势，促进区域经济结构的优化升级，提升核心增长极的辐射带动功能，实现国家重要的粮食生产和现代农业基地、全国“三化”协调示范区、全国重要经济增长板块等战略目标具有重要的意义。

第六章

中原经济区建设之空间布局

空间布局结构是点（城镇点、乡村聚落点）、线（交通轴、产业带）、面（各种功能区）在区域空间上的投影，也是区域自然、经济社会条件空间分异的表现形式。通过对经济区空间布局结构的调整和优化，可以促进空间布局的潜在优势转化为竞争优势，能有效地引导经济区的产业发展和城镇体系建设。因此，本章从中原地区空间布局结构特征出发，分析中原经济区建设的空间整合基础，解读中原经济区规划的空间布局结构，最后提出中原经济区建设空间整合的方向。通过对中原经济区建设的空间布局的深入剖析，以期让人们更深入地了解中原经济区建设的内部点、线、面结构。

一、中原地区的空间结构布局特征

（一）圈层结构特征

郑州地处南北向交通轴和东西向交通轴的交汇之处，交通区位优势明显，经济社会事业发展迅速。在交通优势、省会优势、商贸优势等条件的交相呼应下，以郑州为核心的地区逐渐成为人口密集、经济发展迅速、社会交流密切的城镇密集区。20 世纪 90 年代初，许多学者发现中原经济区核心城市附近客观存在一个城镇密集区，并有学者提出了以郑州为核心、以京广、陇海铁路为骨架的“一点三圈”空间功能组织模式

(图6－1)。“一点”是指郑州作为辐射带动整个中原地区发展的中心点。“三圈”分别为核心城市圈、中间城市圈和周边城市圈。核心城市圈国土面积2.39万平方千米，总人口占全省17.7%，包括全省首位城市（郑州)、3个河南省次级中心城市（洛阳、开封、新乡)、1个区域中心城市(焦作)、2个地方性中心城市（沁阳、巩义）和16个县。中间城市圈土地面积6.05万平方千米，总人口占河南省的38.6%，包括4个区域性中心城市（安阳、濮阳、平顶山、许昌)、9个地方性城市（鹤壁、漯河、周口、辉县、卫辉、济源、汝州、禹州、舞钢）和40个县。周边城市圈土地面积8.26万平方千米，总人口占河南省的43.7%，包括5个区域性中心城市（三门峡、南阳、驻马店、信阳、商丘)、2个地方性城市（义马、邓州）和47个县。之后政府部门和学界开始关注中原地区的城镇体系空间布局，逐步凝练出了“一极两圈三层”的圈层结构模式（图6－2)。这种空间布局结构有利于城市之间沿交通轴以圈层状推进城市职能的分工与协调，也有利于城市在廊道发挥其扩散效应并带动周围小城镇

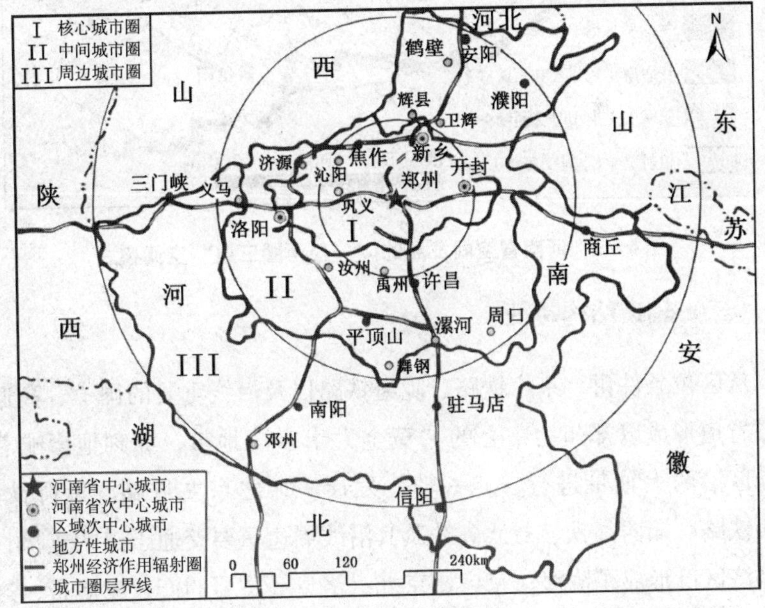

根据1994年王发曾所著的《河南省城市的整体发展与布局》148页扫描整理绘制

图6－1　河南省空间发展的“一点三圈”空间模式

的发展；但另一个方面也造成了中心城市之间疏离，空间关联程度的松散，使得城市的整体功能不能较好发挥，给中原经济区的城市空间拓展带来一定难度。

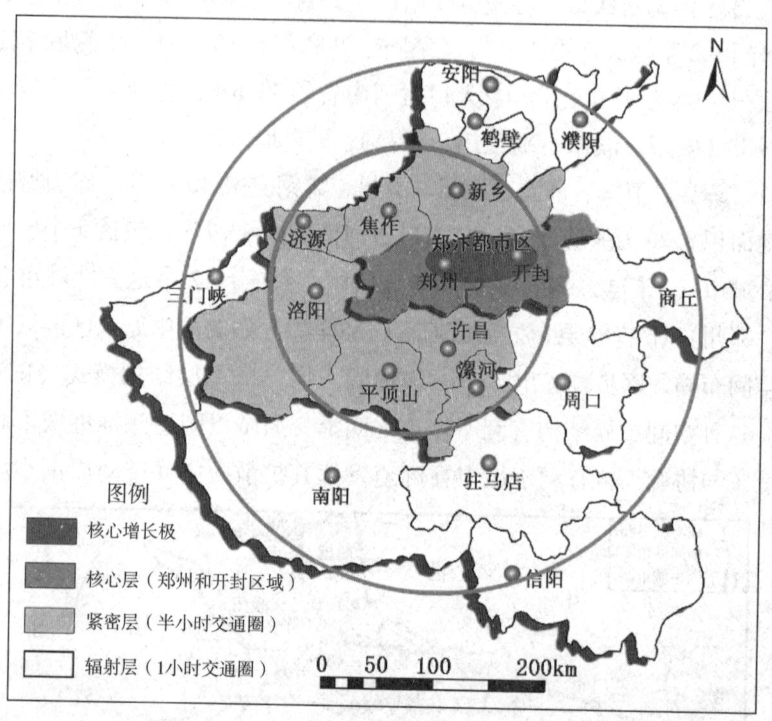

图6－2 河南省空间发展的“一极两圈三层”空间模式

（二）轴带结构特征

从区位条件讲，京广铁路、陇海铁路以及沿线重要的国道、高速公路及省道形成以郑州为中心的“黄金大十字”地带，深刻地影响着中原地区沿两大轴带进行“点—轴”发展。加之京九铁路、焦柳铁路、宁西铁路、郑西高铁、石武高铁及其沿线周边重要交通干道的支撑，中原经济区已形成了陇海、京广、京九、洛阜等重要的产业发展带，这些轴带也就成为了空间布局结构的重要廊道支撑（图6－3）。

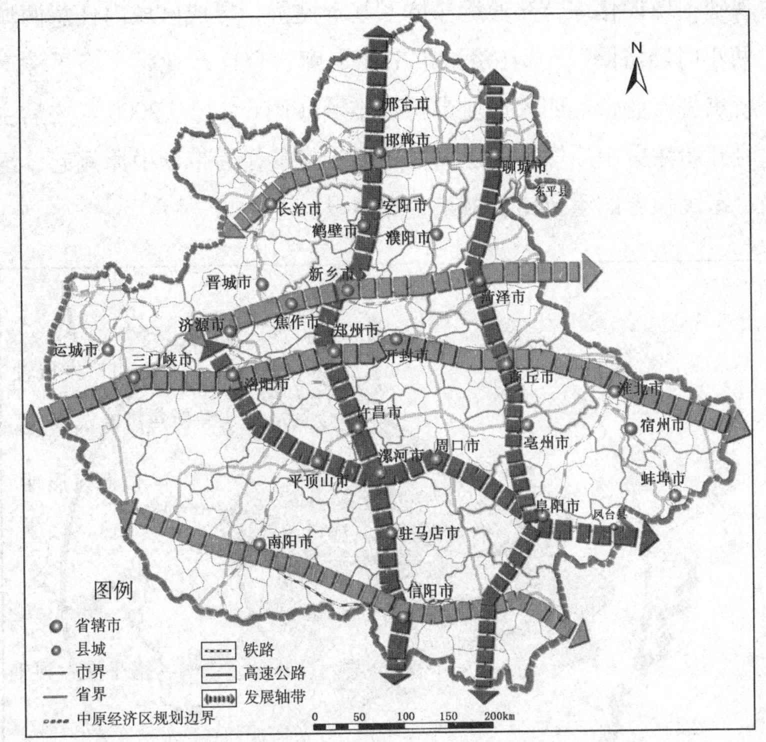

图 6-3　中原经济区的轴带布局结构

（三）核心板块的空间发展结构

1995 年，中共河南省第六次党代会提出：加快以郑州为中心的中原城市群的发展步伐，着力培育主导产业，使之逐步成为亚欧大陆桥上的一个经济密集区，在河南省经济振兴中发挥辐射带动作用。2003 年《河南省全面建设小康社会纲要》中提出实施中心城市、中心城镇带动战略，构建中原城市群经济隆起带，加快豫北、豫西、豫西南和黄淮地区的发展，形成各展所长、优势互补、竞相发展的格局。随之而后主体区政府开始将中原城市群作为实施中心带动战略的重要的载体，并在 2005 年出台了《中原城市群规划（2006—2020）》。该规划中指出：建设以郑州为中心，东连开封、西接洛阳、北通新乡、南达许昌的“大十字”形基本架构，初步形成中原城市群的核心区，奠定区域经济协调发展的基础；现代化综合交通运输体系基本完善，形成区域内任意两城市间“两小时经济圈”；郑汴洛城市工业走廊、京广产业带、洛平漯产业带、新焦济产业带等四大产业带初具雏形（图6－4）。2006年之后主体区政府开始注重中原城市群建设，并逐步将其作为带动中原崛起、河南振兴、富民强省的重要增长极来重点建设。

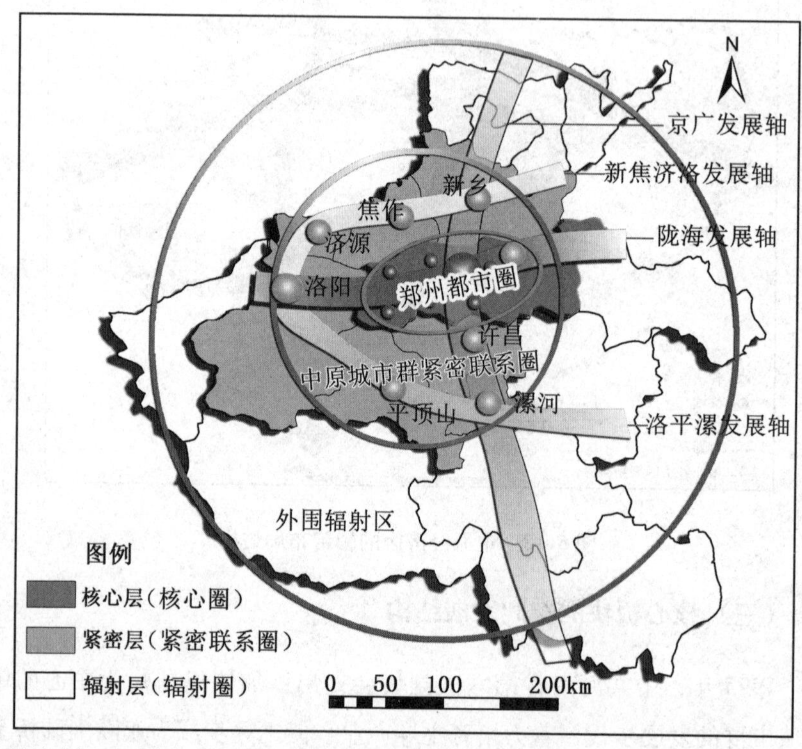

根据《中原城市群规划（2006—2010）》整理绘制。

图6－4　中原城市群的空间发展结构

二、中原经济区建设的空间整合基础

（一）中心带动发展的整合基础

根据城镇体系空间布局的分形理论，将中原经济区的地图矢量化处理，通过Arc GIS 10.0中的Point Distance工具，测算以59个城市到核心

城市郑州的距离 r_i，之后求出平均半径 R_s（表6－1）；再后通过分形理论进行计算，集聚维数 D 为1.5244（=1/0.656），R^2 =0.973。这表明中原经济区城镇体系空间布局具有分形几何特征，呈现从四周向以郑州为中心的集聚布局特征。但由于集聚维数稍微大于1.5，整个经济区要实施中心城市带动战略，必须大力提升郑州市的综合实力和整体竞争力，以弥补集聚度相对较弱的局面，为实现中心带动发展打下整合基础。

表6－1　中原经济区各城市到郑州的距离（*ri*）和平均距离（*Rs*）

城市	*ri*(km)	*R*	*Rs*(km)	城市	*ri*(km)	*R*	*Rs*(km)	城市	*ri*(km)	*R*	*Rs*(km)
郑州	0	1	0	洛阳	113.61	21	73.25	南阳	216.75	41	130.68
荥阳	26.54	2	18.77	平顶山	114.42	22	75.61	三门峡	219.74	42	133.49
新密	37.00	3	26.29	高平	129.48	23	78.72	界首	225.47	43	136.34
新郑	39.91	4	30.27	鹤壁	133.24	24	81.72	运城	239.03	44	139.51
长葛	59.18	5	37.87	漯河	134.17	25	84.45	沙河	239.84	45	142.51
巩义	60.64	6	42.52	林州	143.20	26	87.44	灵宝	251.07	46	145.73
开封	63.12	7	46.03	周口	152.52	27	90.69	邢台	261.46	47	149.13
新乡	63.36	8	48.53	义马	154.88	28	93.74	永城	261.80	48	152.33
登封	64.55	9	50.57	舞钢	157.77	29	96.66	邓州	267.53	49	155.54
焦作	65.43	10	52.24	安阳	158.48	30	99.34	聊城	277.43	50	158.90
禹州	66.77	11	53.73	长治	162.03	31	101.97	河津	277.77	51	162.07
沁阳	72.68	12	55.55	濮阳	162.96	32	104.41	阜阳	282.91	52	165.23
辉县	77.39	13	57.53	菏泽	169.99	33	106.99	永济	287.25	53	168.35
偃师	77.45	14	59.17	潞城	175.26	34	109.61	信阳	289.61	54	171.38
孟州	78.64	15	60.67	项城	183.43	35	112.39	临清	290.68	55	174.28
卫辉	80.63	16	62.10	商丘	183.67	36	114.97	淮北	297.17	56	177.22
许昌	80.82	17	63.36	驻马店	198.05	37	117.99	南宫	320.90	57	180.73
汝州	97.42	18	65.71	邯郸	212.38	38	121.42	宿州	325.45	58	184.19
济源	101.60	19	68.08	亳州	215.11	39	124.70	蚌埠	392.73	59	189.64
晋城	108.24	20	70.63	武安	216.07	40	127.78				

（二）轴带组织发展的整合基础

利用 Arc GIS10.0 中的 Buffer Analysis 对中原经济区国道、铁路和高速公路分别作 10km 的缓冲区，然后对三种缓冲区中的城镇数量进行统计分析（表6－2）。由表6－2 可知，231 个城镇中，位于国道、铁路和高速公路 10km 缓冲区的城镇个数分别为 119、137 和 149 个，占比分别为 51.52%、59.31%和64.50%；其主体区河南省 126 个城镇中，位于三类交通干线 10km 缓冲区的城镇个数分别为 77 个、78 个和 93 个，占比分别为 33.33%、33.77%和 40.26%。由此可见，中原经济区城镇的空间分布具有较为明显的交通指向性。从区位条件讲，京广铁路、陇海铁路以及沿线重要的国道、高速公路及省道形成以郑州为中心的“黄金大十字”地带，深刻地影响着中原地区沿两大轴带进行“点—轴”发展。加之京九铁路、焦柳铁路、宁西铁路、郑西高铁、石武高铁及其沿线周边重要交通干道的支撑，中原经济区已形成了陇海、京广、京九、洛阜等重要的产业发展带，这些轴带也就成为了现代城镇体系空间整合的重要廊道支撑。

表 6－2　中原经济区交通干线 10km 缓冲区分析的城镇数量统计

区域	国道		铁路		高速公路	
	个数	占全区比例（%）	个数	占全区比例（%）	个数	占全区比例（%）
主体区	77	33.33	78	33.77	93	40.26
冀南地区	12	5.19	12	5.19	15	6.49
晋东南地区	11	4.76	23	9.96	19	8.23
鲁西南地区	9	3.90	12	5.19	10	4.33
皖北地区	10	4.33	12	5.19	12	5.19
共计	119	51.52	137	59.31	149	64.50

（三）圈层推进发展的整合基础

以郑州为核心，50km 半径内，分布着荥阳、新密、新郑等 6 个城镇；50～100km 范围内，分布着开封、新乡、焦作等 26 个城镇；100～

150km 范围内，分布着洛阳、平顶山、鹤壁等 35 个城镇；150～200km 范围内，分布着安阳、周口、长治等 44 个城镇（图 6－5）；……中原经济区现代城镇体系以郑州为中心向外逐层展开，具有圈层式空间布局的特征。这种特征有利于核心城市扩散效应的发挥和各城市之间功能的分工与协调，是城镇体系空间整合的重要基础。

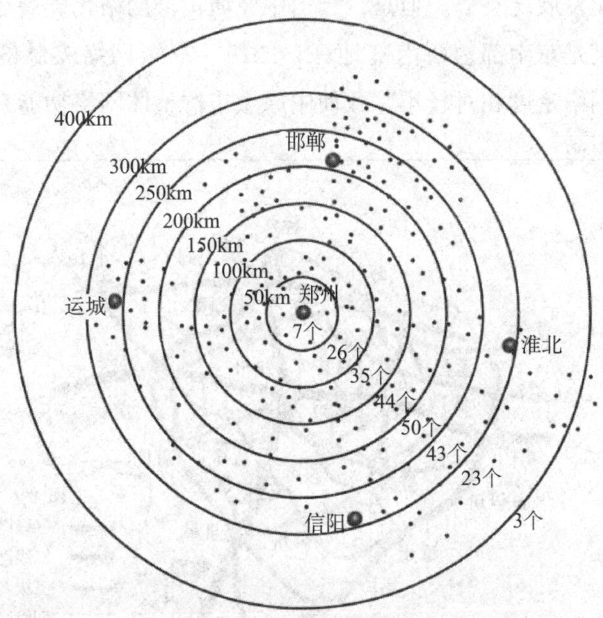

图 6－5 中原经济区的放射圈层和主体区的圈层结构

（四）核心板块的网络化整合基础

中原城市群作为中原经济区的核心增长板块以及城镇化水平最高的区域，城镇密集地分布于各种交通组成的经济联系密切的发展轴带之上，已经初步形成了网络化发展基础（图 6－6）。具体而言，以京广、陇海等国家级铁路和京港澳、连霍高速等交织组成了网络化发展的主动脉；以联通新乡—焦作—济源、济源—洛阳—平顶山—漯河的铁路、高速公路以及通信网道形成网络化发展的二级网脉；以联通开封—原阳—辉县—焦作—沁阳—孟州—孟津、开封—尉氏—许昌—平顶山、巩义—登封—禹州—许昌、郑州—新密—登封—洛阳等高速公路、省道为基础形成网路化发展的三级网脉；以其他较低等级的公路、通信网道形成网络化发展的四级网脉。主动脉是城镇联系最密切和经济联系强度最大的两个轴带，已形成了郑汴洛、京广、新焦济和洛平漯四大产业发展带，同时成为中原城市群产业发展最为集聚的发展轴线。在二级、三级网脉的支撑下，以郑州为中心 100km 范围内形成了城镇密集区，已初见城市群网络化发展之态势。但是，当前中原城市群网络化发展还处于初级阶段，尤其是东南部、西南部地区，二级、三级网络支脉的发育还不够，城镇网络密度相对较小，致使中原城市群整体网络功能有所降低。

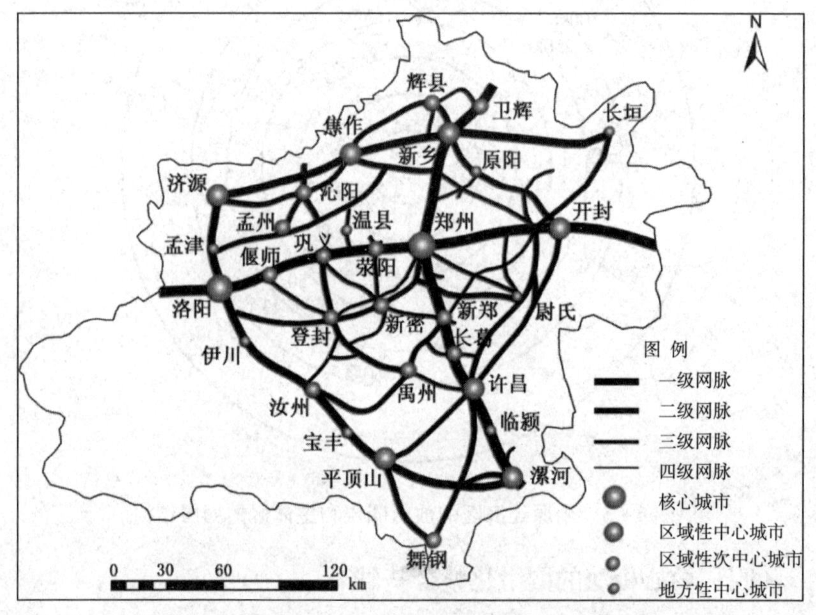

图 6－6　中原经济区核心板块城镇体系网路化发展的基础

（五）组团发展的整合基础

采用城市空间相互作用强度公式来计算中原经济区 30 个省辖市之间的空间联系强度，其公式为：$E = (P_1V_1 \cdot P_2V_2)^{0.5}/r^2$。其中 E 表示城市空间相互联系强度，P_1、P_2 分别表示两城市的市区人口数；V_1、V_2 分别表示两市市区的国内生产总值；r 为两城市之间的欧式距离。将计算形成的 30×30 矩阵进行分类，之后将 >10，5 ~10，3 ~5 的强度值在地图上表征出来（图6－7）。由图6－7可知，郑州市与其他城市的相互作用强度值最大，南北方向形成了邢—邯—安—鹤—新—郑—平—南与邢—邯—安—鹤—新—郑—许—漯—驻两大城市紧密联系带，东西向形成了开—郑—洛—三—运城市紧密联系带。除中部以郑州为中心形成开封、洛阳、新乡、焦作、济源紧密联系区外，中南部形成以许昌为中心的“三角形”紧密联系区，北部形成了由安阳、邯郸、邢台、鹤壁和濮阳形成的紧密联系区。但同时也可发现，东南部、南部、西北部、东北部除了零散的几条轴线外，城市间的相互联系强度不强，核心城市郑州也未影响到主体区外的大部分城市以及信阳。另外，郑州北临黄河，西有古城洛阳，东有古城开封，在城市群内部向北、向西、向东的中心辐射作用也在一定程度上受到阻碍。因此，可根据中原经济区省辖市间空间的联系状况，采用组团、多核等组合方式提升全区城市间的联系强度和核心城市的空间影响范围。

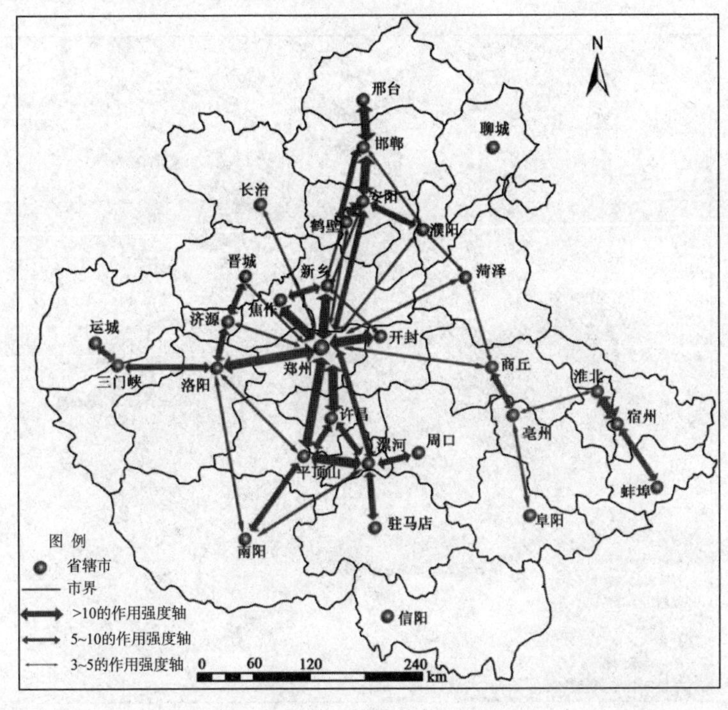

图6－7　中原经济区30省辖市空间相互作用强度示意

三、中原经济区规划的空间布局结构

中原经济区规划（2012—2020）明确提出，按照核心带动、轴带发展、节点提升、对接周边的原则，明确区域主体功能定位，规范空间开发秩序，加快形成“一核四轴两带”放射状、网络化发展格局。

（一）一核——打造核心发展区域

提升郑州区域中心服务功能，支持郑（州）汴（开封）新区加快发展，深入推进郑（州）汴（开封）一体化，提升郑（州）洛（阳）工业走廊产业和人口集聚水平；推动多层次高效便捷快速通道建设，促进郑州、开封、洛阳、平顶山、新乡、焦作、许昌、漯河、济源9市经济社会融合发展，形成高效率、高品质的组合型城市地区和中原经济区发展的核心区域，引领辐射带动整个区域发展。

图6-8　中原经济区——“一核”

（二）“四轴”——构建“米”字形发展轴

提升陆桥通道和京广通道功能，加快东北西南向和东南西北向运输通道建设，构筑以郑州为中心的“米”字形重点开发地带，形成支撑中原经济区与周边经济区相连接的基本骨架。

沿陇海发展轴。依托陆桥通道，增强三门峡、运城、洛阳、开封、商丘、淮北、宿州、菏泽等沿线城市支撑作用，形成贯通东中西部地区的先进制造业和城镇密集带。

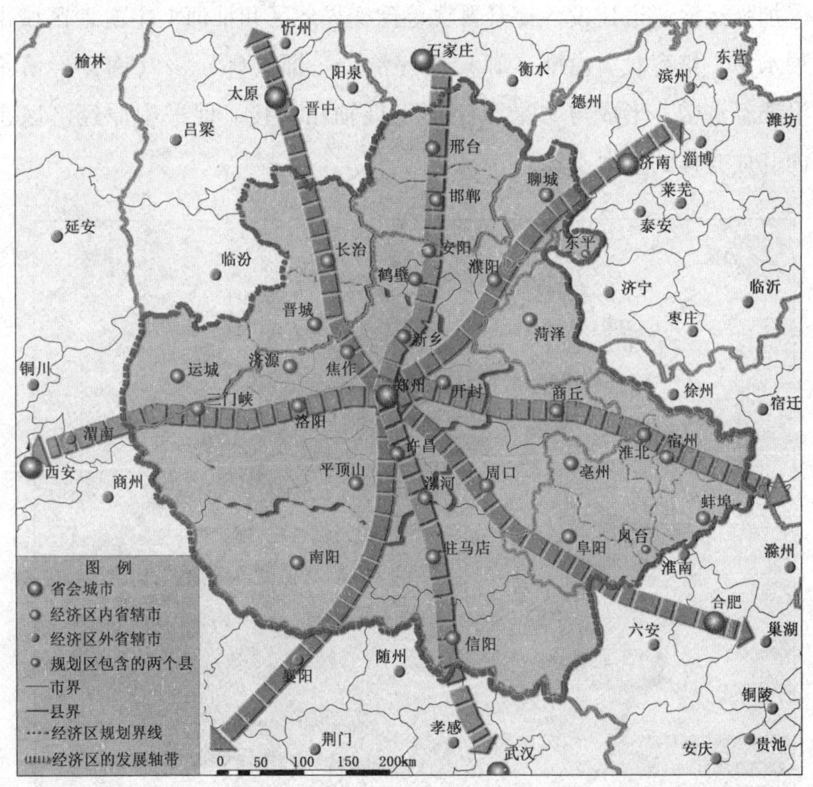

图 6－9　中原经济区——“四轴”

沿京广发展轴。依托京广通道，提升邢台、邯郸、安阳、鹤壁、新乡、许昌、平顶山、漯河、驻马店、信阳等沿线城市综合实力，构建北接京津、沟通南北的产业和城镇密集带。

沿济（南）郑（州）渝（重庆）发展轴。依托连接重庆、郑州、济南的运输通道，提升聊城、濮阳、平顶山、南阳等沿线城市发展水平，培育形成连接山东半岛、直通大西南的区域发展轴。

沿太（原）郑（州）合（肥）发展轴。依托连接太原、郑州、合肥的运输通道，发展壮大长治、晋城、焦作、济源、周口、阜阳等沿线城市，培育形成面向长三角、联系晋陕蒙地区的区域发展轴。

（三）两翼——壮大南北两翼经济带

加强运输通道建设，提升晋冀鲁豫交界地区和淮河上中游地区城市发展水平，培育壮大沿邯（郸）长（治）—邯（郸）济（南）经济带和沿淮经济带，形成与“米”字形发展轴相衔接、促进中原经济区东西向开放合作的重要支撑。

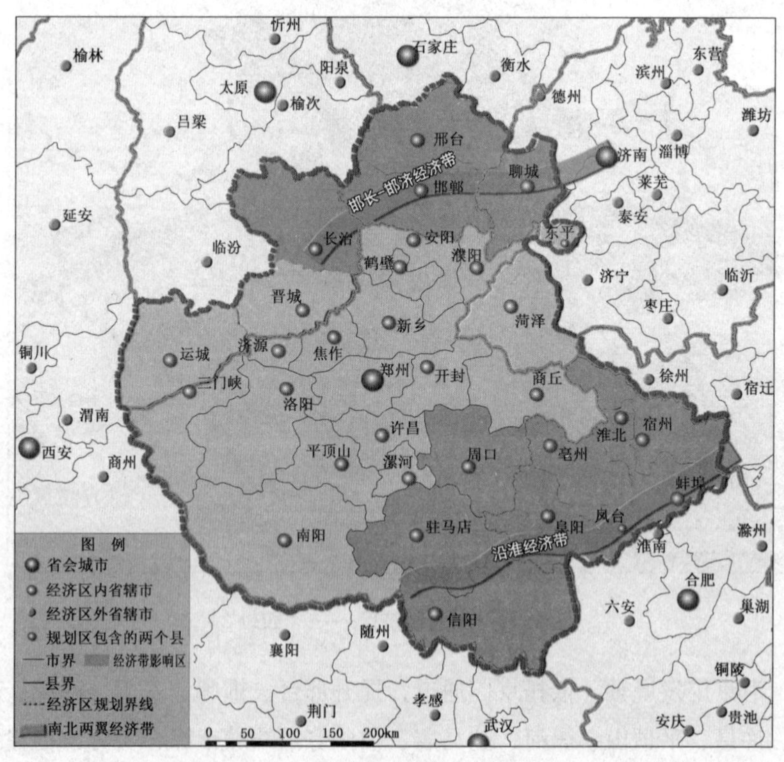

图 6－10 中原经济区——“两翼”

沿邯长—邯济经济带。依托邯长—邯济铁路、晋豫鲁大能力运输通道和青（岛）兰（州）高速，推动长治、邯郸、安阳、邢台、聊城等沿线工业城市振兴发展，形成支撑中原经济区北部省际交汇区域发展的经济带。

沿淮经济带。依托淮河水运通道及沿淮路网通道，统筹淮河沿线资源开发，提升信阳、周口、驻马店、漯河、阜阳、亳州、淮北、宿州、蚌埠、淮南的产业集聚与城市发展水平，形成支撑中原经济区东南部区域发展的经济带。

（四）大中原城市群

实施中心城市带动战略，加快完善多层次城际快速交通网络，实现

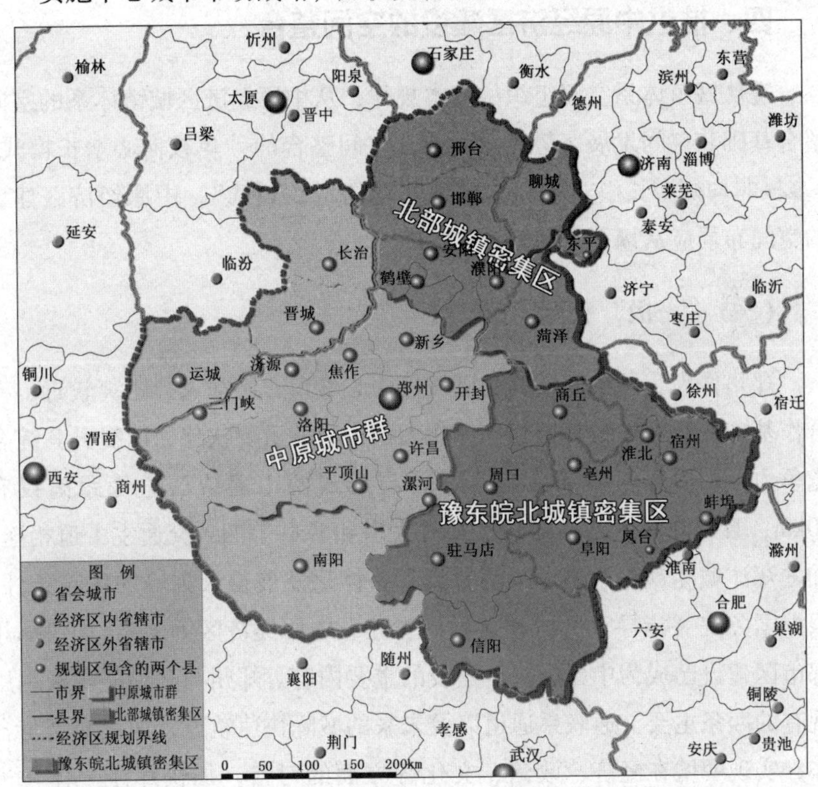

图 6－11　中原经济区——“大中原城市群”

以郑州为中心的核心区域9个城市融合发展，进一步增强中原城市群辐射带动作用。依托以客运专线为主的高效便捷交通走廊，强化“米”字形发展轴节点城市互动联动，促进中原城市群扩容发展，提升综合实力和竞争力。深化城际开放合作，发挥轴带集聚功能，推动邯郸、安阳、邢台、鹤壁、聊城、菏泽、濮阳等北部城市密集区提升发展，促进蚌埠、商丘、阜阳、周口、亳州、淮北、宿州、信阳、驻马店等豫东皖北城市密集区加快发展，形成与沿海地区沟通联系的前沿地带。强化交通一体、产业连接、服务共享、生态共建，构建中原城市群、北部城市密集区、豫东皖北城市密集区一体化发展格局，形成具有较强竞争力的大中原城市群。

四、推进中原经济区建设的空间整合

遵从城镇体系空间组织的基本规律，从中原经济区城镇体系的空间整合基础和空间发展态势出发，结合空间整合的“单核向心增长模式”“多核非均衡增长模式”和“多核非均衡增长模式”，中原经济区建设的空间布局应从以下方面整合。

（一）“一极”整合

郑州作为我国中部重要的区域性中心城市，必须选择距离较近、有合作基础的开封作为其构建一体化大都市区的重要伙伴，以提升其综合竞争力，扩展辐射带动效应。开封与郑州两市建成区边缘距离仅有30km，且有陇海铁路、G310、郑开大道和G30等四条交通主干道相连，加之郑汴城际铁路的建设，两者具有一体化发展得天独厚的优越条件。根据国务院《指导意见》和《河南省建设中原经济区纲要》，加快郑汴都市区建设已成为中原经济区建设的重要内容。郑州与开封应积极利用现有的四条主要交通联系通道以及未来的城际快速轨道，加强交流与合作，实现两城在经济、政治、文化等方面的对接，加快郑汴一体化进程，完善郑汴区域的功能组织，使郑汴都市区快速成长为中原经济区的核心增长极。

（二）“一廊道”整合

郑—汴—洛城市廊道位于我国京广、陇海铁路相交的中部“黄金大十字”的横向地带，开封、中牟、郑州、荥阳、巩义、偃师、洛阳等城镇密集分布，如珍珠状串在一起（图 6－12）。如上所述，郑汴洛发展轴是中原经济区城市联系强度最强的动脉，发展势头强劲。在推进郑汴一体化、建设郑洛三工业走廊、建设郑汴都市区等发展战略以及沿线发展条件不断改善的背景下，廊道地区城镇的综合实力显著增强。随着郑—汴—洛轻轨、郑汴城际铁路的建设以及沿线地带工业园区、农业示范区的发展，郑—汴—洛城市廊道必将成为中原经济区经济快速增长的核心地带。

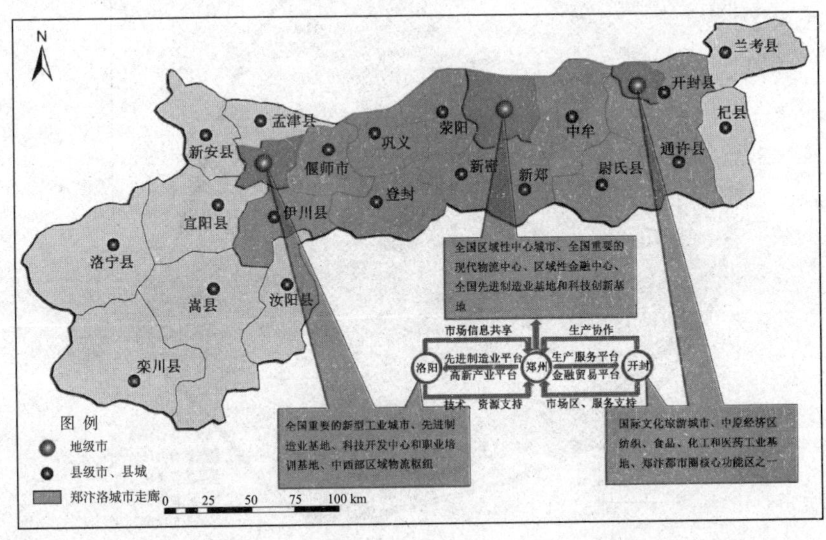

图 6－12 郑汴洛城市走廊的空间组织

（三）“五核”整合

虽然郑汴都市区作为中原经济区的核心增长极不可取代，但其综合实力与全国“一线”城市相比不占明显优势，单靠其牵引整个中原经济区的整体发展，力量显得单薄。中原经济区现代城镇体系空间布局走多核牵引道路符合实际情况与发展需求。二级中心城市洛阳与郑州市区仅有117km之隔，历史文化积淀丰富、工业基础雄厚，对郑州市的牵引力可以提供强有力的支撑。二级中心城市邯郸综合实力较强，是北部最重要的联通城市和晋冀鲁豫四省的要冲。在三级、四级中心城市中，商丘与信阳分别位于中原经济区的东、南大门，中心性强度较高，是交界区域重要的经济、交通、文化中心，也是富有特色的产业集聚地。洛阳、邯郸、信阳、商丘四市分别从西、北、南、东方向给予郑汴都市区以有力支撑，形成“一正四副”五核联动的局面。“五核”整合是中原经济区现代城镇体系空间整合的重要途径（图6－13）。

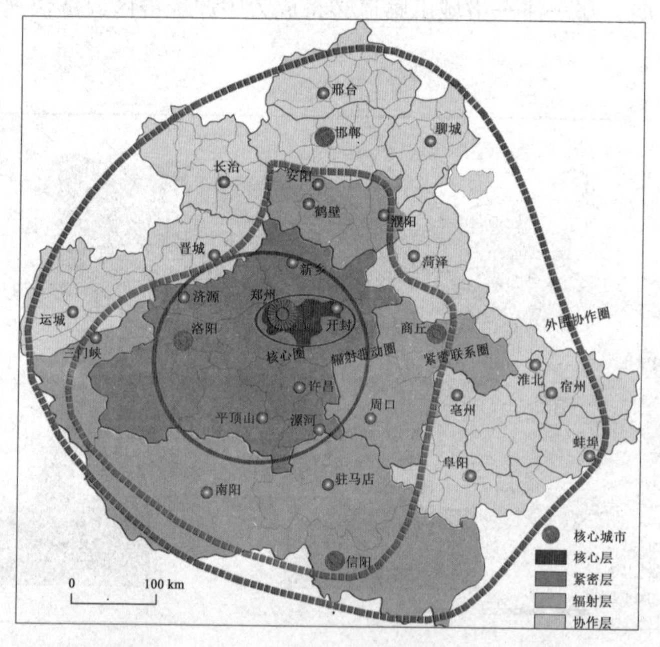

图6－13　中原经济区“五核、四圈层”结构

（四）“四圈层”整合

从圈层布局来看，中原经济区内部正在形成以郑州为中心的“四圈层”结构，分别是核心圈层、紧密圈层、辐射圈层、协作圈层。核心圈层为郑汴一体化地区，紧密层为中原城市群9城市地区。辐射圈层是中原

经济区主体区河南省其他9个城市的辐射带动区。协作圈层是紧邻主体区的周边省份12个城市进行紧密联系的协作区。同时，努力形成以郑州市为中心的“0.5小时交通圈”“1小时交通圈”和“1.5小时交通圈”，实现0.5、1、1.5个小时到达第二、第三、第四圈层内省辖市的联通格局。只有形成核心圈层、紧密圈层、辐射圈层与协作圈层良性互动的发展局面，中原经济区现代城镇体系的空间整合才能真正实现。

（五）“四多边形”整合

结合30个省辖市的空间相互作用强度图和多边形发展的空间潜势，可采取“四多边形”的整合模式（图6－14）。具体而言，中南部的平顶山、漯河、许昌3个城市可整合为一体化发展的成长三角形（王发曾等，2007；刘晓丽等，2008），与该三角形共边的许昌、周口、漯河可

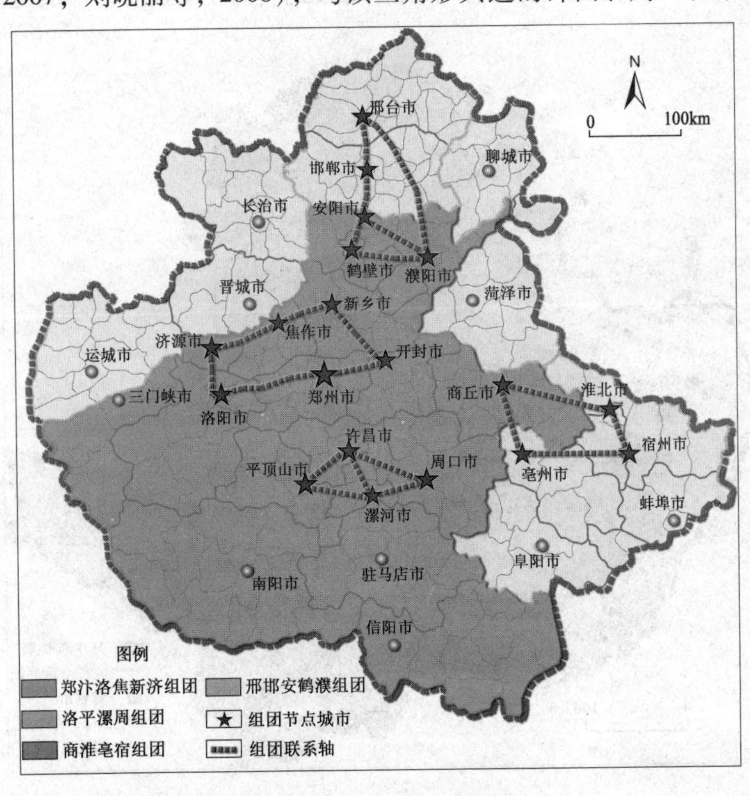

图6－14　中原经济区“四组团”结构

整合为另一成长三角形。同时，“许昌—平顶山—漯河—周口”又共同组成了中原经济区中南部的成长四边形。中部核心区的郑州、洛阳、开封、焦作、济源、新乡“六星联动”，形成了成长四边形，如果加上许昌，未来有可能形成“大郑州都市区”。北部冀豫交界处的邢台、邯郸、安阳、濮阳、鹤壁也可根据空间形态形成不同形式的三角形进行空间整合。东部豫皖交界处的商丘、淮北、亳州、宿州可按照成长四边形进行空间整合。

（六）“五片区”整合

根据中原经济区城镇体系的圈层定位和组合特征，可将其分为五片区逐一进行整合考虑（图6-15）。其一，中部的中原城市群片区，可以郑汴都市区为核心增长极，加强9市彼此间的互动强度，形成网络化

图6-15 中原经济区“五片区”结构

的增长板块。其二，北部的邢台、邯郸、安阳、濮阳、鹤壁、聊城和菏泽可发展为钢铁制造、石油化工、机械加工、农产品加工、文化旅游为主的北部综合性发展片区。其三，西部的三门峡、长治、晋城与运城，可考虑将矿产资源开发、农副产品加工、林业果品业作为战略重点，形成西部城镇协调区。其四，南部的南阳、驻马店、信阳可重点发展生态农业、矿产资源开发加工、复合式旅游、玉石加工等项目，通过3市的联动发展形成南部城镇协调区。其五，东部的商丘、周口、阜阳、亳州、宿州、蚌埠可发展高效农业、煤炭深加工、化工建材、纺织医药、生物化工、轻纺服装、新能源技术等产业，通过主体区与外围区城镇间产业的协作发展，形成东部城镇协调区。

（七）轴带整合

中原经济区城镇体系依托高铁、铁路、国道、高速公路以及区域性重要公路，已经形成东西向的淮—商—开—郑—洛—三（陇兰产业带）重点发展轴带，南北向的邢—邯—安—新—郑—许—驻—信（京广产业带）重点发展轴带。两大重点发展轴带在郑州相交，形成中原经济区城市发展的“黄金十字架”，对整个经济区城镇体系的空间整合具有举足轻重的作用。黄河以北连接新乡、焦作、济源、菏泽的铁路、公路以及沿线重要的省道组成的复合发展轴带。黄河以南洛阳、平顶山、漯河、周口、阜阳方向上在漯阜铁路的基础上，依托沿线重要的铁路、公路也形成了重要的复合发展轴带。另外依托宁西铁路、京九铁路和青蓝高速及其沿线的主要公路也正逐渐形成三条重要的发展轴带。以上7个发展轴带与中原经济区的产业发展轴带相对应，成为整个经济区城镇发展的7条重要经脉，中原经济区城镇体系的空间结构可根据这7条轴带进行空间整合（图6－16）。此外，应进一步加强以郑州为中心的陆路通道（陇海）、京广通道、济南—郑州—重庆通道、太原—郑州—合肥通道的规划建设，形成支撑中原经济区与周边经济区相连接的外联通道。

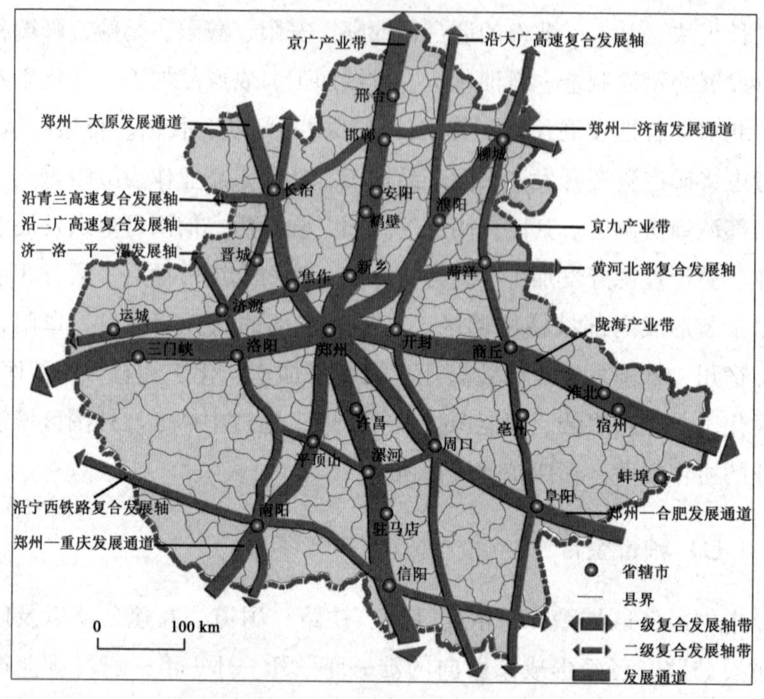

图 6－16　中原经济区“七带”结构

五、小结

中原经济区建设之空间布局，重点在于寻求一种有利于形成等级合理、布局均衡的空间结构，有利于畅通集聚与扩散效应的空间结构。随着城镇区域化与区域城镇化进程的不断推进，中原经济区城镇、城乡之间的互动联系更为密切，新型城镇化的空间载体结构也需进一步组织优化。从中原经济区空间整合的基础和组织模式看，应该是建立“中心带动、圈层推进、轴带组织、核心板块网络化、组团分区”的由“中心城市（点）＋轴带（线）＋功能分区（面）”所构成的城市网络体系。本章基于地域空间组织的基本模式，根据中原经济区空间组织的现实依据，提出了其空间整合的模式选择和路径取向。可以说，“一极、一廊道、五核、四圈层、五片区、七轴带”模式选择较好地诠释了中原经济区今后空间整合导向，能为中原经济区新型城镇化的有序推进提供空间组织依据。

第七章

中原经济区建设之核心增长板块

郑州市作为核心城市对中原经济区的辐射带动能力有限，促进其与周边区域联动发展成为必然选择，中原城市群建设就是这种联动发展模式的支撑。中原城市群是以郑州、洛阳为核心城市形成的区域增长板块，同时也是中原经济区建设中处于核心区域，在中原经济区“一极、一板块、主体区、外围区”空间布局中发挥着重要的辐射带动功能，因此优化该板块的功能组织就成为中原经济区建设的重要任务。基于此，本章从中原城市群的由来出发，解读中原城市群组建的战略出发点，分析中原城市群发展的现状问题，提出中原城市群的功能组织，以期为中原经济区核心板块的辐射带动能力提升和整体功能完善提供支撑。

一、中原城市群的由来

20 世纪 80 年代末 90 年代初，众多学者开始关注并研究河南省会郑州周围客观存在的一个大中城市集聚区，这为中原城市群的提出打下了科学基础。其中，李润田、王发曾等河南大学的学者承担的国家自然科学基金项目“河南省城市体系的发展机理与调控方法研究”（1990—1993），是我国较早开展的省域城市体系研究之一。他们提出：以郑州为核心，以京广、陇海铁路为骨架，构建河南省中部大中城市集聚的“核心城市圈”。有关政府部门关注中原城市群，始于 1994 年中国新亚欧大陆桥发展研究会联络处（郑州市政府陇兰办）提出的“十大建设课题”之一。1995 年，中共河南省第六次党代会的报告提出：加快以郑州市为中心的中原城市群的发展步伐，着力培植主导产业，使之逐步成为亚欧大陆桥上的一个经济密集区，在全省经济振兴中发挥辐射带动作用。河南省政府也曾组织专门力量调研了中原城市群问题，并从其战略地位出发，提出了构建该城市群的有利条件、应遵循的准则和应采取的对策。但在以后的几年里，中原城市群究竟如何培育、发展和运作，没有再作进一步的研究。

进入 21 世纪，城市群已成为城镇化发展的主体形态，成为我国城市与区域发展的重要趋势，成为国民经济和国家综合竞争力的重要载体。国内各路学者在进一步梳理城市群研究的理论体系的同时，也针对各个城市群开展了相应的实证研究。研究中原城市群的主力是河南大学、河南省科学院、河南省社会科学院等单位的学者，研究内容涉及中原城市群的一体化发展战略、发展特征、问题与对策、经济建设、产业结构、整合战略以及文化生态等。2004 年 4 月中旬，全国政协副主席、中国工程院院长徐匡迪率领 20 多位院士和专家来河南，就中原城市群建设和发展问题进行了专题指导和实地考察，院士和专家就中原城市群的发展构想给予了积极的评价，并提出了许多宝贵的意见和建议。

学术界与政府的密切互动使中原城市群得到了广泛的认同。2003 年，河南省委、省政府正式提出要全力打造中原城市群，构建中原城市群经济隆起带，《河南省全面建设小康社会规划纲要》将其作为实施中心城市带动战略的重点，专门进行了论述。2004 年 2 月，河南省人代会的《政府工作报告》再次强调，突出抓好中原城市群建设，完成中原城市群发展规划，建立中原城市群联动发展机制，逐步调整中原城市群地区城市体系的结构和功能。在此期间，由河南省发改委牵头编制了《中原城市群发展战略构想》。2006 年初，《河南省国民经济和社会发展第十一个五年规划纲要》提出：“加快中原城市群发展，把中原城市群建成带动中原崛起、促进中部崛起的重要增长极”。至此，中原城市群问题已从概念提出和理论论证阶段，逐步向实施操作阶段推进。

近年来，政府部门有关领导和一些中原学者提出了将中原城市群的空间范围扩展为河南省全境，将传统认为的9市区域（郑州、开封、洛阳、新乡、焦作、济源、许昌、漯河、平顶山）作为中原城市群的紧密层。城市群是在城镇化过程中，在特定的城镇化水平较高的地域空间里，以区域网络化组织为纽带，由若干个密集分布的不同等级的城市及其腹地通过空间相互作用而形成的城市－区域系统。考虑到中原地区城市之间的相互作用状况、核心城市的辐射带动范围、河南省地貌类型复杂性等因素，本书认为将中原城市群定义为9市区域是合适的，将其扩容至河南全境是不合适的。因此，本书之后的研究仍以9市范围进行分析。

二、中原城市群的基本现状

中原城市群位于中原经济区主体区河南省的中部，北纬33°08′～36°02′、东经111°08′～115°15′之间。地跨黄河、淮河、海河、长江四大流域，占省内全流域的比重分别为65.1%、52.5%、32.1%和2.5%。地貌类型多样，是我国由西部高原向山地平原过渡的地区，北部为太行山，西部为伏牛山，东部为黄河冲积平原。其中，山地面积占41.6%，丘陵面积占16.5%，平原面积占41.9%。位于暖温带，气候适宜，四季分明，有利于多种农作物生长。

中原城市群以河南省会郑州为核心，包括洛阳、开封、新乡、焦作、许昌、平顶山、漯河、济源在内的8个省辖市，下辖巩义、荥阳、新郑、登封、新密、偃师、汝州、舞钢、卫辉、辉县、沁阳、孟州、禹州、长葛等14个县级市，共22个城市，包含33个县，392个建制镇。国土总面积5.87万km^2，2013年年末总人口4288.43万，分别占全省的35.1%和45.56%，人口密度达731人/km^2。中原城市群是主体区经济发展水平最高和城市最为集中的地区，2013年GDP总量、城镇人口分别达到18961.46亿元、2151.77万人，分别占河南省的58.97%、52.19%；2013年人均GDP、城镇化率（城镇人口占总人口的比重）、工业化率（工业增加值占GDP的比重）分别为44215元、50.18%、53.34%。

目前郑州的工业还不够发达，缺乏拳头产品，金融、科技、信息、人才等要素市场体系不够完善，与中原城市群其他城市之间的产业分工与互动能力较弱，对城市群地区的吸引、辐射作用不强。因此，郑州对中原城市群的核心带动作用有限，难以与广州、上海、北京等国际化大都市、全国性经济中心，以及武汉等区域性中心相提并论。加快郑州的发展，提高郑州的经济实力和竞争力，内聚核心带动力，是推进中原城市群整合发展的当务之急。与长三角、珠三角、京津冀三大城市群地区相比，中原城市群基础较薄弱、经济实力不厚、核心城市的综合竞争力不强、产业结构层次相对较低、城市间产业缺乏紧密的联系与分工协作，这些也都是中原城市群整合亟待改进的地方。

另外，近些年该地区资源开发和经济发展速度较快，受生产工艺、技术水平、思想观念及管理协调等方面的影响，环境污染尤其是市区工业污染较为严重，生态环境质量不断下降，可持续发展压力较大。较为突出的问题有：以城市为中心的环境污染还在加剧，并且向广大农村蔓延；地区间产业布局和污染治理缺乏有机协调和相互协作；受区域产业布局不合理的影响较大，大量工业企业仍属高投入、高消耗、高污染企业，产业技术层次较低；区域可持续发展实施政策和措施不够具体，各种生态化建设缺乏实施行动，环境治理力度不够大。

三、中原城市群的战略定位

1. 基于国家战略的层面

中原城市群是参与全球竞合发展与促进国家区域经济发展的增长板块。随着经济全球化的日渐深入、国际经济竞争的日趋激烈和城镇化进程的快速推进，城市群经济逐渐成为包括我国在内的世界经济发展的主要形式之一。随着城市群实力的迅速壮大，城市群正在逐渐取代单个城市成长为区域性的经济增长极。早在2002年中国市长协会发布的《中国城市发展战略“白皮书”》就明确提出，未来中国的城市发展将走向培育三大城市群（面）、创建七大城市带（线）、发展若干中心城市

（点）的“三维”分布格局，即长江三角洲、珠江三角洲、京津冀城市群，沿长江城市带、沿陇海铁路城市带、哈长沈大城市带、沿京广铁路城市带、济青烟威城市带、成渝沿线城市带、沿南昆铁路城市带以及20多个大都市圈（中心城市）。中原城市群属于沿陇海铁路重点培育的城市群，当时就受到了河南省人民政府和学术界的密切关注。《国家国民经济与社会发展第十二个五年规划》中指出：构建以陆桥通道、沿长江通道为两条横轴，以沿海、京哈京广、包昆通道为三条纵轴，以轴线上若干城市群为依托、其他城市化地区和城市为重要组成部分的城市化战略格局，促进经济增长和市场空间由东向西、由南向北拓展。《国家城镇化规划（2014—2020）》第四篇“优化城镇化布局与形态”中指出，要根据土地、水资源、大气环流特征和生态环境承载能力，优化城镇化空间布局和城镇规模结构，在《全国主体功能区规划》确定的城镇化地区，按照统筹规划、合理布局、分工协作、以大带小的原则，发展集聚效率高、辐射作用大、城镇体系优、功能互补强的城市群，使之成为支撑全国经济增长、促进区域协调发展、参与国际竞争合作的重要平台；在第四篇第十章“培育发展中西部地区城市群”中更明确指出，加快培育成渝、中原、长江中游、哈长等城市群，使之成为推动国土空间均衡开发、引领区域经济发展的重要增长极。从上述规划不难发现，中原城市群建设在国家的城镇化战略格局中占有举足轻重的位置。

2. 基于中部崛起的层面

相对于优先发展东部沿海地区、西部大开发和振兴东北老工业基地，中部地区的发展曾经相对缓慢。2004年初温家宝总理在政府工作报告中提出“促进中部地区崛起”；2004年12月的中央经济工作会议正式提出“中部崛起”，并将其列入2005年的六项主要任务之中；2006年3月国务院出台的《中华人民共和国国民经济与社会发展第十一个五年规划纲要》中，促进中部崛起已成为实施区域发展总体战略的重要一环。2006年3月27日，胡锦涛总书记主持中共中央政治局会议，专题研究促进中部地区崛起工作。会议指出：促进中部地区崛起，是党中央、国务院继做出鼓励东部地区率先发展、实施西部大开发、振兴东北地区等老工业基地战略后，从我国现代化建设全局出发作出的又一重大决策，是落实促进区域协调发展总体战略的重大任务。2009 年 9 月 23 日，国务院总理温家宝主持召开国务院常务会议，讨论并原则通过《促进中部地区崛起规划》。在该规划第七章“重点发展区域”中明确提出，要加快武汉城市圈、中原城市群、长株潭城市群、皖江城市带、环鄱阳湖城市群、太原城市圈发展，使之成为推动中部地区经济社会加快发展的重要增长极。在促进中原城市群发展中明确指出：以客运专线和城际快速轨道交通等重要交通干线为纽带，重点以郑东新区、汴西新区、洛阳新区建设为载体，整合区域资源，加强分工合作，推进区域内城市空间和功能对接，率先在统筹城乡、统筹区域协调发展的体制机制创新方面实现新突破，提升区域整体竞争力和辐射带动力，把中原城市群建设成为沿陇海经济带的核心区域和重要的城镇密集区、先进制造业基地、农产品生产加工基地及综合交通运输枢纽。2012 年国务院办公厅发布《国务院关于大力实施促进中部地区崛起战略的若干意见》（国发〔2012〕43 号）。在该指导意见“（十二）发挥城市群辐射带动作用”中明确指出：实施中心城市带动战略，支持省会等中心城市完善功能、增强实力，培育壮大辐射带动作用强的城市群，促进城镇化健康发展。科学规划城市群内各城市功能定位和产业布局，推动大中小城市与周边小城镇进一步加强要素流动和功能联系，实现协调发展。全面加强城镇公用基础设施建设，提高综合服务功能，增强城镇承载能力。推进武汉城市圈、环长株潭城市群、中原城市群城际快速轨道交通网络建设。支持郑（州）汴（开封）新区发展，建设内陆开发开放高地，打造工业化、城镇化和农业现代化协调发展先导区。从上述关于中部崛起的政策文件可以看出，中原城市群建设在托举中部崛起中占据着重要的一环。

中部六省先后打出了各自的“城市群牌”，即湖北的武汉城市群，河南的中原城市群，湖南的长株潭城市群，安徽的皖江城市带，江西的环鄱阳湖城市群，以及山西的太原城市群。这样，每个省都规划出了基本相似的区域发展战略，城市群无疑是这一发展战略中的主角，成为实自身区域发展的重要经济增长板块，从而进一步成为实现中部崛起战略的经济增长板块。在此，没有必要也不需要去进一步求证谁将是中部地区城市群发展战略中的领头羊，因为在中部这一经济发展相对落后、面积广阔的区域内部目前还缺乏一个具有相当实力能独自承担区域经济发展增长极重任的地域单元，所以必须通过数个经济增长板块的辐射带动作用，才能实现中部崛起。于是，在中部这一面积广阔的区域之中，城市群将成为实施中部崛起战略的重要战略支点，中原城市群无疑是这些战略支点中极其重要的一个。

3. 基于中原经济区建设层面

中原城市群是中原经济区建设的核心增长板块。这主要体现在，第一，是中原经济区战略定位的支撑。中原经济区战略定位之一是“全国重要的经济增长板块”，而只有提升中原城市群整体竞争力，建设先进制造业和现代服务业基地，打造内陆开放高地、人力资源高地，才能成为引领中西部地区经济发展的重要引擎，支撑全国发展的重要区域。第二，是中原经济区空间布局的支撑。按照“核心带动、轴带发展、节点提升、对接周边”的原则，中原经济区要形成放射状、网络化开发的空间格局，就必须以中原城市群为骨干，提升核心带动能力，依托陇海发展轴以及京广通道、东北西南向通道和东南西北向通道，逐步增强轴带节点城市实力，促进与毗邻地区融合发展、联动发展。第三，是中原经济区实施“三化”协调发展的支撑。只有充分发挥中原城市群的辐射带动作用，形成大中小城市和小城镇协调发展的城镇化格局，走城乡统筹、社会和谐、生态宜居的新型城镇化道路，才能支撑和推动“三化”协调发展。第四，是中原经济区开展区际协作与竞争的支撑。中原经济区东有长三角，北有京津冀，南有长江中游城市群（即武汉、长株潭、皖江、环鄱阳湖城市群的组合），西有“西三角”（即重庆、成都、西安的组合），而且，长江中游地区已经显示出要争做全国“第四极”的欲望和决心。在这个格局中，如果不能有效提升中原城市群的整体竞争力，增强辐射带动能力，中原经济区要在未来激烈的区域竞争与协作中占据一席之地，将会困难重重。

中原城市群处于中原经济区空间格局的枢纽部位，其综合实力的提升与经济区空间格局的营造密切相关。①核心带动。继续实施中心城市带动战略，提升郑州作为我国中部重要的中心城市地位，切实推进郑汴一体化，把洛阳市建设成为中原经济区的副核心城市，积极开发建设郑洛工业走廊，加强郑汴与洛阳、新乡、许昌、焦作等毗邻城市的高效联系，建成沿陇海经济带的核心区域和全国重要的城镇密集区。②轴带发展。依托亚欧大陆桥、京广铁路、东北西南向和东南西北向通道，壮大陇海、京广、新—焦—济、洛—平—漯发展轴带，形成“米”字形重点开发地带的核心地区。③节点提升。逐步扩大轴带节点城市规模，完善城市功能，提升辐射能力，形成大中小城市合理布局的新格局，区域中心城市实施组团式发展，中小城市实施内涵式发展。④对接周边。加强对外联系通道建设，形成具有强大竞争力的开放型城市群，支持省际边界中心城市加快发展，促进与毗邻地区优势互补、协调互动、融合发展，实现中原经济区的核心区、主体区与合作区的深度整合。

4. 基于主体区振兴层面

中原城市群是主体区实现中原崛起、河南振兴、富民强省无可争议的龙头。中原城市群对主体区经济增长的贡献（中原城市群 GDP 总量占河南省 GDP 总量的比重），1986 年为 41.24%，1992 年突破一半达到 50.59%，到 1996 年进一步增加到 55.27%，之后的几年有所下降，2003 年起这一贡献逐年攀升，至 2013 年进一步上升至到 58.97%。1985—2013 年期间，中原城市群的人均 GDP 一直高于主体区平均值，其差距从最小的 125 元逐渐升高至 2013 年的 10041 元，两者的差距一直在扩大。从经济实力看，中原城市群为提升郑州市的经济辐射带动能力提供了雄厚的支撑，促进了郑州与河南省周边其他城市的空间相互联系。另外，在主体区现代城镇体系“一极两圈三层”的空间格局中，中原城市群地区涵盖了核心增长极、半小时交通圈、核心层和紧密联系层，可说是现代城镇体系的主干和精华。该地区有郑州、洛阳、平顶山、许昌、漯河、开封、新乡、焦作、济源 9 个省辖市，包含了核心增长极（即郑汴都市区）和核心层（即郑汴一体化地区），与半小时通达圈完全吻合，而紧密层就是中原城市群的本体。在中原城市群的深度整合中，紧密层为内聚郑汴都市区、外联现代城镇体系提供了资源与动力，是核心增长极与区域支撑体系联动的关键，是中原经济区空间格局的枢纽。

5. 基于区域城镇化进程的层面

中原城市群是我国中西部地区城镇密度和人口密度最大的地区，也是主体区城镇化进程最快的地区。2013 年我国城镇化率已达到 53.7%，进入城镇化进程的中期阶段，即进入城镇化的快速发展阶段。中原城市群城镇化率达到 50.18%，虽略低于全国水平，却高出河南省 6.38 个百分点，属于主体区城镇化平台上的高地。

我国城镇化主要依靠城镇化水平高、城镇化发展成熟的区域的辐射带动作用来实现。可以说，中原城市群是我国区域城镇化进程的重要策源地。长三角城市群、珠三角城市群、京津冀城市群等城镇化发展程度高于所在区域乃至全国，对于推进所在区域乃至全国的城镇化进程所起到的重要作用不言而喻。中原城市群是主体区河南省这个人口大省、城镇化进程相对落后省份的城镇化进程的重要推进器，而且其城镇化的辐射作用可以进一步扩延到整个中原经济区乃至更广阔的区域，这无疑将对国家的城镇化发展做出重大贡献。

四、中原城市群的板块组织

中原经济区的核心板块组织，就是要加强中原城市群建设，促进城市群区域城镇布局走向网络化发展。就是要按照核心带动、轴带发展、节点提升、对接周边的要求，提升郑州中心城市的辐射带动能力，巩固提高洛阳副中心城市地位，联动周边城市，增强地区性中心城市综合承载带动能力，推动城际轨道交通体系和高速铁路建设，加强城市功能互补和产业分工，加快产业集聚，实现交通一体、产业连接、服务共享、生态共建，促进大中小城市协调发展，形成辐射带动能力强、经济联系紧密、城市层级分明、体系结构合理、具有国际竞争力的开放型城市群，努力构建放射状、网络化、板块式的城市群发展格局。

在重点城镇布局和建设方面，中原城市群应着力构建以郑汴都市区为核心增长极，以郑州、洛阳为主副核心城市，以其他7个省辖市为重要节点，以中小城市和小城镇为补充的多层次、网络化的现代城镇体系。进一步强化郑州市的核心地位，提升洛阳市的副核心地位，发展壮大其他节点城镇，促进新乡、焦作、洛阳、许昌与郑汴都市区的“五星联动”，积极发展中小城市和小城镇。完善中原城市群联动发展机制，推进交通一体、产业连接、服务共享、生态共建，形成具有较强竞争力的开放型城市群，建成沿陇海经济带的核心区域和全国重要的城镇密集区。加快郑州都市区建设，提升交通枢纽、商务、物流、金融等服务功能，提升全国重要的区域性中心城市地位。高水平规划建设郑汴新区，大力发展先进制造业、电子信息产业和现代服务业，建设内陆开发开放高地，打造“三化”协调发展先导区，形成中原经济区最具活力的发展区域。推进教育、医疗、信息资源共享，实现电信、金融同城，加快郑汴一体化进程。推动郑州至开封、洛阳、新乡、许昌、焦作之间多层次快速交通网建设，促进城际功能对接，实现郑州与周边城市融合发展。

中原城市群地区城镇空间组织的基本思路是，以郑汴都市区为核心组成圈层结构，以东西发展轴线、南北发展轴线、东北－西南发展轴线和西北－东南发展轴线作为城市群圈层结构的牵引轴线，构成中原城市群城镇化的辐射轴线（图7－1）。

首先，强化发展东西向发展轴、南北向发展轴，积极发展东北－西南向轴线和西北－东南向轴线。沿黄河一线，陇海铁路、连霍高速公路、310国道组成的复合交通轴线构成了中原城市群的东西向发展轴，在这个发展轴上分布着开封市区、郑州市区、荥阳市、巩义市、偃师市、孟州市、洛阳市区等城市，是中原城市群的城镇发展轴。应该继续强化这个方向上的城镇化发展，促进开封县、中牟县、孟津县、新安县等的发展，并进一步促进伊川县、宜阳县的发展，在适当的时候将这些县撤县建市或撤县建区，以促进它们的进一步发展。在南北方向上，京广铁路、京港澳高速公路、107国道构成了中原城市群的南北向发展

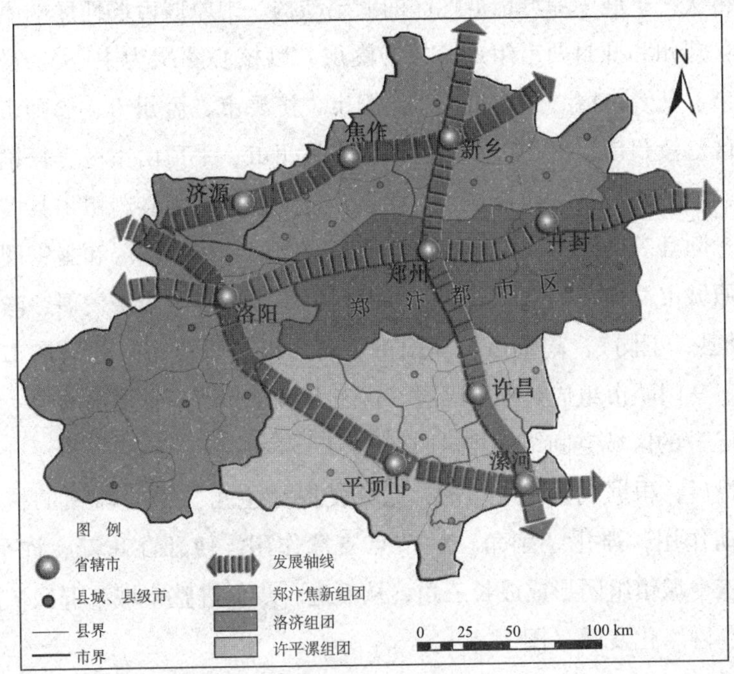

图 7－1　中原城市群城镇体系的空间组织

轴，在南北向发展轴上分布着辉县市、卫辉市、新乡市区、荥阳市、郑州市区、新密市、新郑市、长葛市、禹州市、许昌市区、漯河市区等城市，是中原城市群地区南北方向上的城镇发展轴。应着力提升这个发展轴上欠发达区域的城镇水平，促进新乡县、获嘉县、武陟县、许昌县、襄城县、临颍县、舞阳县等的发展，在适当的时候，将这些县撤县建区或撤县建市，以促进它们的进一步发展。同时，次一级的新乡—焦作—济源城镇发展轴线、洛阳—平顶山—漯河城镇发展轴线。

其次，强化中原城市群地区的城镇空间组团。中原城市群内部存在郑汴焦新城镇组团、洛济城镇组团和许平漯城镇组团等三大城镇组团，但是各个组团内部离散化状态依旧比较明显，为此，出台城镇组团式发展战略或相应的规划加速这些城镇组团的整合发展。另外，通过经济、社会、基础设施整合，加快郑汴都市区的发展，加速中原城市群核心城镇组团的发展。

再次，扩展中原城市群地区的圈层结构。中原城市群地区的圈层结构为：郑州和开封两市组成其核心圈层；以核心圈层为中心，卫辉市、辉县市、新乡市区、焦作市区、沁阳市、济源市、孟州市、偃师市、洛阳市区、汝州市、禹州市、许昌市区、禹州市、平顶山市区、舞钢市等城市，加上许昌县、获嘉县、孟津县、新安县、宜阳县、伊川县、临颍县、舞阳县等共同组成中原城市群的紧密圈层。核心圈层和紧密圈层构成中原城市群现在的空间范围。考虑到中原城市群的未来发展，濮阳市（含辖县，下同）、鹤壁市、安阳市、商丘市、周口市、驻马店市、南阳市、三门峡市组成其外围圈层。这三大圈层和河南省提出的“一极两圈三层”的区域空间结构相对应。

最后，根据成长三角理论，充分发挥“主角”节点城镇的核心辐射带动作用，强化“副角”的节点支撑作用，使郑汴焦新、许平漯、洛济三个城镇组团形成成长三角，从而进一步促进整个城市群区域的联动式、网络化发展（图 7 –1）。

五、小结

中原城市群作为中原经济区的核心增长板块，承担着“承内启外”的重要作用。但中原城市群依然存在着“内聚力不强、经济实力不厚、辐射带动能力有限”等弱点，需要进一步从多方面进行整合。本章提出的中原城市群板块组织，不仅提出了重点区域、重点城镇今后发展的方向，而且从空间结构优化的视角提出了“强化轴线、整合组团、圈层联系、三角联动”具体空间组织模式，以期为中原经济区核心增长板块功能提升提供依据。

第八章

中原经济区建设之现代化建设

《国务院关于支持河南省加快中原经济区建设的指导意见》《中原经济区规划（2014—2020）》都明确指出，中原经济区建设要走一条不以牺牲生态与环境、粮食与农业的“三化”协调发展之路，并将其建设成为全国“三化”协调示范区。由此可见，新型城镇化、新型工业化、新型农业现代化“三化”协调发展是中原经济区现代化建设的重要支撑，也是实现中原崛起、河南振兴、富民强省必须要坚持的一个原则和一个重要的目标导向。本章从中原经济区走新型城镇化、新型工业化、新型农业现代化的必然性出发，阐释中原经济区走“三化”协调、“四化”同步、“五化”协调之路的时代内涵，提出中原经济区现代化建设的推进重点，以期为实现中原经济区“两不”“三新”的现代化之路提供支撑。

一、新型城镇化建设

（一）城镇化与新型城镇化

一般而言，城镇化指一个地区农业人口向非农业人口转化、农村地域向城镇地域转化的过程，该过程包含了城市对农村影响的过程、全社会人口接受城镇文化的过程、人口集中的过程和城镇人口比重不断上升的过程。美国学者弗里德曼（Friedmann J）将该过程分为城镇化Ⅰ和城镇化Ⅱ。城镇化Ⅰ过程包括人口和非农业活动在规模不同的城市环境中的地域过程、非城镇型景观转化为城镇景观的地域推进过程；城镇化Ⅱ过程包括城镇文化、城镇生活方式和价值观在农村的地域扩散过程。也就是说，城镇化Ⅰ过程是物化的实体化的过程，而城镇化Ⅱ过程是抽象的、精神上的过程。从简要角度看，中国城镇化，是指城镇数量的增加和城镇规模的扩大，导致人口在一定时期内向城镇聚集，同时又在聚集过程中不断地将城市的物质文明和精神文明向周围扩散，并在区域产业结构不断演进的前提下衍生出崭新的空间形态和地理景观。根据地域空间的相互作用过程，又可将该过程分为“正统城镇化”“假城镇化（pseudo-urbanization）”“过度城镇化（hyper urbanization or over-urbanization）”“郊区城镇化（suburbanization）”“逆城镇化（counter-urbanization）”“乡村城镇化（rural urbanization）”等等。

在世纪之交，我国提出了工业化、城镇化、农业现代化等小康社会建设的三大方略，全国也由此进入了一个快速城镇化时期。经过努力，我国城镇化取得了巨大的成绩，到2013年年底，全国31个省、自治区、直辖市共有设市城市658个，城镇人口按统计口径计算，已达7.31亿人，城镇化率提高到53.73%，“十二五”前四年年均增加1.2个百分点。与同期国际社会比较，我国城镇化发展迅速，与发达国家之间的差距正在逐步缩小。但是，城镇化在取得巨大成绩的同时，在某些地区和某些领域也出现了一些偏差。一些地方将城镇化简单地等同于城市的规划、建设和管理，城镇规模平面扩张，而功能却未能得到有效提升，城镇二三产业的发展也未能相应跟进。城镇化不仅未能完全有效地助推产业结构的优化升级，反而在城镇建设方面贪大求洋，陷入了资源消耗大、环境污染重的粗放式增长“窠臼”。“土地的城镇化”大大快于“人口城镇化”“经济城镇化”，“三无人群”（种田无地、就业无岗、社保无份）的社会矛盾逐渐凸显，形成新的社会安定隐患。城乡之间居民的收入水平、生活质量以及社会发展最需要的物质因素和文明因素的充裕水平的差距越拉越大。

随着城镇化进程的加快推进，人们开始不断反思城镇化进程中的问题，对走何种城镇化道路不断进行摸索创新。科学发展观与新型工业化道路的提出，为我国转变经济发展方式指明了方向，同时迫切要求对城镇化发展方式进行相应调整。党的十六大报告明确指出要“走中国特色的城镇化道路”，十七大报告进一步将“中国特色城镇化道路”作为“中国特色社会主义道路”的五个基本内容之一，2007 年 5 月，温家宝总理在上海召开经济工作会议进一步强调“要走新型城镇化道路”。自此以后，我国的新型城镇化便在各种政策文件中密集出现，成为推进社会主义现代化建设的重要推动力。2014 年 3 月，国务院出台《新型城镇化规划（2014—2020）》，各级政府也先后出台了针对地区实践的新型城镇化规划，新型城镇化成为引领各项社会事业建设的强力支撑。

我国人口多、底子薄，人均资源有限，各地区发展很不平衡。在推进城镇化的过程中，还面临着实现经济增长、扩大就业、维护社会稳定以及解决人多地少、资源紧缺、环境脆弱、地区差异等诸多问题和矛盾。因此，城镇化道路的选择，既不可能再像过去那样走高消耗、高排放、城乡分割、缺乏特色的传统城镇化老路，也不可能照搬其他国家的做法，而必须从中国国情出发，走符合中国实际、符合各地区实际的新型城镇化道路。

（二）推进中原经济区城镇化建设的现实意义

1995 年以来，中原经济区各项经济社会事业水平不断提高，城镇化进程不断推进，全区城镇化率由 1995 年的 17.2% 提高至 2013 年的 43.8%，年增 1.48 个增长点。近年来，河南省委、省政府大力推动现代城镇体系建设和社会主义新农村建设，提出了以新型城镇化引领“三化”协调科学发展的道路，有力地推动了中原经济区新型城镇化的发展水平。然而，中原经济区是人口大区和农业大区，城镇化率依然较低，更面临着经济结构转型、承接产业转移、保障粮食生产和破解等任务和挑战，推进城镇化建设面临如下问题：

（1）城镇化总体水平依然较低，滞后于经济发展水平。2013 年，中原经济城镇化率低于全国平均水平约 10 个百分点，城镇化综合水平与沿海发达城市差距较大。2013年，主体区河南省城镇化率低于全国平均9.9个百分点，中部地区倒数第一。近年来，尽管中原经济区城镇化速度明显加快，但相比于经济发展水平，城镇化进程仍然滞后，城镇化率仅为工业化率的70%左右。

（2）人口市民化进程缓慢。1995—2011年，中原经济区的户籍城镇化率（非农业人口比重）由15.52%缓慢提高到2011年的22.87%，年均提高0.46个百分点。这意味着大量农民工及其随迁家属虽然身在城镇，但不能享有与城市居民同等的基本公共服务，难以融入城镇社会。大量进城农民工难以成为真正的城镇居民，不仅阻碍了正常的城镇化进程，制约了城镇化对扩大内需和结构升级的推动作用，也潜藏着一定的社会风险。

（3）城镇体系的规模结构不尽合理，核心城市的中心带动作用不强。以市区非农业人口计，2013年中原经济区58个城市中，大城市17个（含超大城市1个，特大城市2个），占29.31%，中小城市41个（中等城市19个，小城市22个），占70.69%，后者是前者的2.41倍。由此可知，中原经济区核心城市郑州规模偏小、综合竞争力不够强、辐射带动作用不明显，在全国城镇体系中的等级地位不高；中小城市的数量偏多，规模序列结构尚不平稳。

（4）城乡发展水平差异明显，城乡收入差距有进一步扩大的迹象。主体区河南省名义城乡居民人均收入的绝对差距已由1995年的2067元增至2013年的13923元，2013年主体区城乡居民收入比为2.643∶1，城乡居民消费支出比高达2.634∶1。城乡基础设施和公共服务水平差距也很大，农村水、电、路、气和教育、卫生、文化设施建设严重不足。

（5）城市管理服务水平不高，“城市病”现象日益突出。一些城市发展中重规模扩张、轻品质提升，重设施建设、轻服务管理，重地上开发、轻地下挖潜，导致城市空间利用效率偏低、基础设施管理运行效率不高、公共服务供给能力不足，交通拥堵、住房紧张、环境污染、事故频发、历史文化遗产破坏等现象日益加剧。

由上述城镇化发展状况可知，中原经济区在推进城镇化的过程中，还面临着提高城镇化综合水平、增强核心城市的辐射带动作用、构建现代城镇体系、促进城乡统筹发展等方面的难题。因此，中原经济区的新型城镇化之路，既不可能走过去那样注重城镇化率提高、片面追求经济增长、城乡分割、缺乏特色的传统城镇化老路，也不可能照搬发达国家、地区的做法，而必须走中原特色和符合区情的新型城镇化道路。河南省建设中原经济区，也必须在新型城镇化道路的框架中，密切结合中原地区实际，走出一条在中西部欠发达地区有示范意义的城镇化的新路子。

（三）推进中原经济区新型城镇化的主要任务

1. 提升中原城市群的辐射带动能力

当前，国际竞争已经聚焦为城市群的竞争，区域的竞争也突出表现为城市群的竞争，城市群已经成为区域发展和城镇化的主要载体。我国中部地区崛起战略提出前后，中部六省纷纷推出城市群战略，组建了6个省域城市群。经过多年的探索与实践，2006年6月《中原城市群总体规划纲要（2006—2020）》完成并开始实施。《国家新型城镇化规划（2014—2020）》指出，除优化提升东部地区三大城市群外，要加快培育中西部地区成渝、中原、长江中游、哈长等城市群，使之成为推动国土空间均衡开发、引领区域经济发展的重要增长极。中原城市群东有长三角城市群、北有京津冀城市群、南有长江中原城市群（武汉、长株潭、皖江、环鄱阳湖的组合），西有“西三角”（成渝、关中两个城市群的核心城市重庆、成都的组合）。而且，后两者已经显示出继三个老牌城市群之后要争做全国第四大城市群的欲望和决心。在这个格局中，中原城市群处于“四面夹击”的态势。如果不能有效提升中原城市群的整体竞争力和辐射带动能力，中原经济区要在未来激烈的区域竞争与协作中占有一席之地，将会困难重重。

提升中原城市群的辐射带动能力，必须依托郑州核心城市和区域中心城市，完善功能，以大带小，加强分工合作，推进中原城市群一体化发展，提升整体竞争力和辐射带动能力，建成沿陇海经济带的核心区域和全国重要的城镇密集区。具体要完成以下任务：①加快形成向心发展、集群发展、统筹协调的空间布局，强化中心城市带动，推进交通一体、产业连接、服务共享、生态共建。②提升郑州市全国区域性中心城市地位，强化其龙头带动作用。提升城市品位，增强中原经济区的综合服务功能，建设高端产业集群的国家创新型城市，城市人口规模达到500万人以上。③深入推进郑汴一体化，加快郑汴新区建设，建设现代产业集聚区、现代复合型新城区、统筹城乡改革试验区、对外开放示范区、环境优美宜居区和区域服务中心，把包括郑州、开封市区与中牟县在内的郑汴都市区建设成800万~1000万人的现代复合型城市。④促进郑州与毗邻城市的联动发展，依托高速铁路、高速公路干线和城际轨道交通、城际快速客运通道、城际快速货运通道，在郑州、开封、洛阳、新乡、许昌之间，形成“两干三城”便捷的快速通道，发挥“五星联动”效应。⑤把洛阳市打造成为中原经济区的副核心城市，人口规模达到350万人以上，优化城镇体系的规模结构，建设一批100万人口以上的大城市。⑥发展壮大区域中心城市，统筹新区建设和老城区改造，扩大城市规模、完善城市功能，提升发展水平，增强在区域经济发展中的带动作用，推动集群、组团式发展，形成以中心城市为核心、周边小城市和中心镇依托的城镇集群。

2. 大力发展县域经济

县域经济是国民经济的基本单元，其强弱直接影响着国民经济的兴衰，是城市经济的摇篮，为城市发展提供了巨大的资金、土地、农产品、劳动力等资源。大力发展县域经济，可以为彻底解决“三农”问题提供重要保证，为小城镇发展打下雄厚基础，为吸纳农村剩余劳动力开辟新的渠道，为新型城镇化注入巨大动力来源。中原经济区有100多个县（包括县级市），其主体区河南省就有108个县（市），县域人口和经济总量占全省的70%左右，对全省经济社会发展起着至关重要的作用。如果缺失县域经济的支持，新型城镇化对中原经济区的支撑力度将大打折扣。

大力发展县域经济，必须发挥县（市）推动城乡互动的纽带作用，创新管理体制，承接产业转移，培育特色产业，加快县域工业化和城镇化步伐，推动农村劳动力向第二、第三产业有序转移，壮大县域规模和实力，带动县域经济快速发展。具体要完成以下任务：①把县（市）城区作为推进城镇化的重点，扩大规模，抬高规划建设标准，统筹协调城区发展与产业集聚区发展，不断增强承接中心城市辐射和带动乡村发展的能力，使县域驻地成为县域经济发展和城镇化的主要载体，支持条件优越的县（市）城区率先向大、中城市发展。②原则上每个县（市）建设一个产业集聚区，培育一个超百亿的特色主导产业，形成了一个人口规模超 20 万人的城市，支持区位优势明显、产业基础较好、经济实力强的县（市）率先向大城市发展。③加快重点中心镇发展，分类推进小城镇建设，一般城镇化对周边农村的服务功能，具有资源与产业特色的中心镇逐步扩大规模，支持条件优越的中心镇发展成为 10 万人以上的小城市。④激发县域经济内在活力，坚持分类指导，统筹推进，充分发挥比较优势，突出特色化、规模化、集群化、品牌化，培育壮大主导产业，全面增强县域经济综合竞争力，促进发展水平高的县实现率先发展，发展水平中等的县实现赶超发展，发展水平较低的县实现跨越发展，加大对革命老区、贫困地区扶持力度，在交通、教育、民生、生态、产业发展等方面给予倾斜支持。⑤全面推进县域经济管理体制改革，推行扩权强县和财政省直管县体制改革，继续加大对县（市）财政的转移支付力度，推进经济实力强、发展态势好的镇管理体制改革。优化发展环境，积极承接产业转移，提高县域对外开放水平。

3. 进一步促进城乡统筹发展

长期以来，我国的城乡经济社会形成了严重的二元结构，城乡差距不断扩大，“三农问题”日益突出，依靠“三农”内部的自律、自组织作用，很难解决“三农问题”。为了推进新型城镇化健康发展并真正解决“三农问题”必须实行城乡统筹发展。城乡统筹发展，即充分发挥工业对农业的支持和反哺作用，城市对农村的辐射和带动作用，建立以工促农、以城带乡的长效机制，促进城乡协调发展。城乡统筹、必须深化农村综合改革，打破城乡二元结构、缩小城乡差别，政府财政投入要向农村倾斜，农村公共产品和公共服务设施获得足够的资金支持，城镇要吸纳更多农民就业，最终使改革开放和新型城镇化的成果惠及广大乡村地区。中原经济区是我国主要的农区和粮食生产基地，“三农”问题也最为突出、典型。如果城乡统筹发展不到位，就违背了中原经济区建设“不以牺牲农业和粮食生产为代价”的指导思想，新型城镇化就失去了存在意义。

促进城乡统筹发展，必须按照新型城镇化的要求，优化城乡资源配置，促进基础设施向农村延伸、公共服务向农村拓展、社会保障向农村覆盖，提高城乡的公共服务水平。具体要完成以下任务：①促进城乡的联动发展。按照城乡统筹的要求、推进城乡产业、基础设施、公共服务、劳动就业、社会保障等统筹规划、协调发展，推进统筹城乡发展试验区的工作，支持信阳农村综合发展试验区、新乡统筹城乡发展试验区积极探索，先行先试。②把小城镇作为统筹城乡发展的重要节点。支持基础条件好，产业优势明显的中心镇发展成为中小城市，其他乡镇发展成为周边农村提供生产生活服务的功能中心。③发挥规划的引导和调控作用。建立健全城乡规划体系，加强城镇体系规划与村镇体系规划的有机衔接，优化建设空间布局，合理划定城镇建设、农田保护、产业集群、村落分布、生态涵养功能分区，推动城乡公共基础设施、服务设施共建共享。④加快农村人口向城镇的有序转移。贯彻落实城乡户籍改革制度，积极解决进城务工人员在、社保、住房、子女入学等突出问题，让农民成为解决进城务工人员的就业、社保、住房、子女等突出问题。让农民成为城镇化的受益者，逐步使进城农民与城镇居民享有同等待遇，最终使他们真正转化为城市市民。⑤率先推动城乡结合部建设。积极推动城中村转变为城市市区并同步转变社会组织形式，推动城市新区产业集聚区建设，中心城区与近郊区同步开发建设并率先推行城乡一体化发展。

4. 加快推进社会主义新农村建设

按照“生产发展、生活富裕、乡风文明、村容整洁、管理民主”的社会主义新农村建设要求，扎实推进社会主义新农村建设。社会主义新农村建设是指在社会主义制度下，按照新时代的要求，对农村进行经济、政治、文化和社会等方面的建设，最终实现经济繁荣、设施完善、环境优美、文明和谐的社会主义新农村建设目标。建设社会主义新农村，是贯彻落实科学发展观的重大举措，是保持国民经济平稳较快发展的持久动力，是全面建设小康社会的重点任务，是构建和谐社会的重要基础，也是推进新型城镇化建设的必然要求。中原经济区有上千个乡（镇），数十万个村庄，超过60%的人口居住在农村。尽管新农村建设已经取得显著成效，但由于村庄数量众多、建设基础基础薄弱、牵涉因素复杂，新农村建设仍然有巨大的空间。如果新农村建设止步不前或走了弯路，就会给新型城镇化对中原经济区的支撑带来了巨大损害。

加快推进社会主义新农村建设，必须加强农村基础设施建设，改善农村生产生活条件，提高公共服务水平，建设具有区域特色的富裕、民主、文明、和谐的社会主义新农村。具体要完成的任务如下：①因地制宜、分类指导，扎实推进社会主义新农村建设，不断改善农村生产、生活条件和村容、村貌。②按照“产业为基、规划先行，就业为本、量力而行、群众自愿”的原则，推进社会主义新农村引导点建设，使之成为农村发展的增长点、城乡统筹的结合点。③加强农村基础设施建设，加快农村路网体系、电力网、信息化工程、水利工程与饮水、沼气、污水垃圾处理设施建设、改造危房、破路，综合整治生态环境，加强农村灾害监测预警设施建设，提高防灾减灾的能力。④加强公共服务设施、按照城乡基础服务均等化的要求，加快农村义务教育事业、公共卫生事业、公共文化事业、创新扶贫事业、社会保障事业发展，让广大村民享受到现代城市物质文明和精神文明。⑤加快农村制度创新，在稳定、完善农村基本经营制度的前提下，积极探索多种土地流转形式，发展适度规模经营，建立健全农村土地产权制度、农村金融服务体系、水利融资体制、林权和农垦制度、多元化投入保障机制等，做好农村综合改革发展试验区的试点与推广工作。

二、新型工业化建设

（一）工业化与新型工业化

一般而言，工业化指工业（特别是其中的制造业）或第二产业产值（或收入）在国民生产总值（或国民收入）中比重不断上升的过程，以及工业就业人数在总就业人数中比重不断上升的过程。

中国共产党第十六次全国代表大会报告指出："坚持以信息化带动工业化，以工业化促进信息化。走出一条科技含量高、经济效益好、资源消耗低、环境污染少、人力资源优势得到充分发挥的新型工业化路子"。新型工业化战略提出后，国内学者对中国新型工业化道路的概念内涵进行了深入挖掘，并形成了系统的认识。根据比较对象的不同，中国的新型工业化有如下特征：①与发达国家的工业化相比，中国的新型工业化是以信息化带动的跨越式的工业化，是以充分就业为先导，以可持续发展为基础，把公有制经济与非公有制经济相结合，以政府调控为主、市场调节为辅的工业化。②与中国传统工业化相比较表现为：在实现机制上强调市场机制的作用，以政府职能得到切实转变为前提，以可持续发展为基础，以集约型经济增长方式为主要的经济增长方式，以完成工业化的任务和实现工业的现代化为双重目标，整个过程伴随着农业的工业化过程，以对外开放为典型特征。

自2002年新型工业化战略提出以来，我国各级政府结合区域实际，纷纷开始了各自的新型工业化实践，提出了发展新型工业化的具体政策和措施。例如：以市场化加速工业化；以集约化支持工业化；创新生产方式、集约化经营企业；实行积极的产业组织政策；扩大地域分工、集约经营区域，包括强化农业区域布局、培育城市产业集群、协调区域布局政策。另外，各地还主张以绿色化保障工业化。表现为：加强监督管理、发展产权交易、有效利用资源促进清洁生产，发展绿色农业、推进绿色制造、开发清洁能源培育绿色产业，建设环保设施、治理自然灾害、增加绿色植被加强生态保护等。

综合国内学者有关新型工业化的理论成果，结合不同区域对新工业化战略的部署安排，本书认为新型工业化的概念本质包括以下三个层次：①以科技化、信息化为动力支撑，促进资源的优化配置与产业结构的优化升级；②基于循环经济和可持续发展理念，形成科技资源消耗低、科技含量高、经济效益好、环境污染少的产业与产品价值链；③经济全球化与本地化相结合，充分发挥我国人力资源优势参与产业转型与升级。

（二）推进中原经济区新型工业化建设的意义

中原经济区作为经济发展水平相对落后的农区，虽然肩负粮食战略安全、恪守土地红线等农业重任，却一直探索着城乡、工农协调发展的有效途径。近些年来，中原经济区建设坚持新型工业化理念，着力于转变经济发展方式和调整产业结构，经历着由传统农区向现代化经济区建设的历史性改变。2005 年，主体区河南省政府作出基本判断，认为河南省已基本进入新兴工业大省的行列；2007 年，主体区工业增加值达到 7508.33 亿元，占 GDP 的比重超过 50%，位居中西部省份前列；2013 年，中原经济区工业增加值达到 24444.1 亿元，占 GDP 的比重为 48.89%，其主体区工业增加值达到 15960.60 亿元，占 GDP 的比重达到 49.6%。但也应清醒意识到，目前全区新型工业化发展还存在着经济发展方式转型慢、资源能源依赖性强，科技投入不高、高新技术产业比重低等问题：①工业结构层次不高。中原经济区“三化”协调发展中，新型工业化对经济社会发展起着主导作用。但全区工业长期以能源、原材料等重工业为主，存在着制造业转型、升级的速度较慢，资源利用不充分现象严重，企业高附加值产品不多，投入－产出效益较低，传统产业改造和提升的任务重，高新技术产业比重不高等方面的问题。②企业竞争力不强、企业组织结构不尽合理。虽然主体区适时启动了 180 个产业集聚区规划建设和特色产业集群培育工作，但全区依然存在“小散乱”现象，缺乏新的具有竞争力的核心企业。另外产业集聚园区与特色产业集群发展时间不长，两者政府主导建设力度大、产业竞争优势和聚集效应不明显，资金、技术投入较为分散，资产负债率较高，在加工生产、市场销售、研发等方面亟须形成规模经济优势。③科技创新活力不强。中原经济区劳动密集型工业企业居多，主要产业技术装备水平低，科技投入不足，自主创新能力不强。以企业为主体的产品研发创新体系尚未完全建立，创新性企业人才培育不足，大部分中小型企业和一部分大型企业还未建立研发基地，技术原始创新、技术集成创新和技术的消化吸收再创新的能力较弱。虽然工业化率在1995年以来有了相当程度的提高，但与其他国内经济区相比仍处于发展级别较低的阶段，新型工业化道路任重而道远。走新型工业化之路，是中原经济区提高生产力水平、转变经济增长方式的必然选择，是完成全面建成小康社会与实现中原崛起、河南振兴、富民强省的必然选择。

（三）中原经济区新型工业化的推进重点

1. 建设产业集聚平台

依托中心城市和县城，整合提升各类开发区、产业园区，提高土地节约集约利用水平，规划建设第二、第三产业集聚发展平台，以城镇功能完善吸引产业集聚，以产业集聚促进人口集中，形成以产兴城、依城促产、产城互动发展格局。按照企业集中布局、产业集群发展、资源集约利用、功能集合构建、人口有序转移的要求，提升产业集聚区建设水平，突出主导产业，完善服务配套，严格准入门槛，有序承接产业转移，形成一批规模优势突出的产业集群和新型工业化示范基地。优化城市功能分区，规划建设一批商务中心区和特色商业区，推动金融、会展、商务、创意和特色商贸、文化休闲等服务业集中布局，打造区域服务中心。依托城市新区，推动中心城市现代服务和高端制造业集聚发展，形成现代产业集中区，探索产业融合发展新模式。

2. 大力发展先进制造业

提升制造业集群化、智能化发展水平。围绕河南先进制造业大省建设，大力发展高成长先进制造业集群，推动向产业中高端、定制化规模生产转型，迈向先进制造业。一是打造一批“百千万”亿级制造业集群。重点在电子信息、智能装备、汽车、服装服饰等领域形成一批在全国具有竞争力的万亿级产业集群。围绕数字制造和智能制造、柔性制造等前沿领域，积极培育战略性新兴产业，重点在生物医药、新能源汽车等新兴产业领域形成一批超千亿级产业集群。围绕物联网、3D打印、大数据等新兴领域，形成一批超百亿级产业集群。二是实施“智能工厂”建设工程。顺应数字化、网络化、智能化发展趋势，依托物联网或工业互联网，将工业化产品、工厂机器设备，通过无线宽带和移动网络联系在一起，提升制造业信息化水平。三是实施发展载体升级工程。河南位于“一带一路”互通互联的交会地带，也是新丝绸之路横轴、京广纵轴的交会地带，这两个带状区域也是河南电子信息、装备制造、汽车及零部件、食品等先进制造业布局最为集中区域，可以作为引领全省制造业升级的先导区，率先实现产业提升。

3. 积极培育战略性新兴产业

科学布局、有序推进智能终端、新型显示、半导体照明生产基地建设，积极发展物联网、云计算、高端软件、新兴信息服务等新一代信息网络技术，加大推广应用力度，打造中部地区重要的新一代信息技术产业基地。推进生物医药、生物制造、生物农业等优势产业发展，打造全国重要的生物产业基地。发展壮大生物质能源、新能源装备等产业，提升新能源产业竞争力。提高动力电池及关键零部件配套水平，建设国内重要的新能源汽车产业基地。发展超硬材料、高强轻型合金、特种纤维等新材料，打造全国重要的新材料产业基地。大力发展高效节能、先进环保和资源循环利用的新装备和产品，打造国内具有较大影响的节能环保产业基地。积极发展轨道交通装备、智能电网装备、智能制造装备、航空装备、卫星应用等产业，建设中西部地区重要的高端装备制造业基地。

4. 加快发展服务业

第一，大力发展现代物流业。提升郑州全国现代物流中心地位，加快建设郑州国际物流园区、航空物流园区，大力发展航空物流、保税物流和多式联运，建设郑州内陆无水港，建成覆盖中西部、辐射全国、连通世界的现代物流中心。依托区域交通枢纽城市，推动物流园区、物流通道、枢纽场站等物流基础设施建设，打造一批区域性物流中心。大力发展食品冷链、邮政快递、汽车、电子产品等行业物流，建立中原经济区物流产业联盟、电子商务平台和公共信息系统，推动龙头企业构建全国性物流网络。

第二，提升旅游业发展水平。挖掘整合旅游资源，实施旅游精品发展战略，加快建设中原历史文化旅游区、古都文化旅游区、豫东皖北鲁西历史文化旅游区、伏牛山休闲度假旅游区、太行山和桐柏—大别山生态红色旅游区，加快开发黄河文化旅游带和南水北调中线生态文化旅游带，加快培育世界文化遗产、中国功夫、拜祖寻根等一批精品旅游线路，打造世界知名、全国一流的旅游目的地。实施乡村旅游富民工程。完善旅游基础设施和公共服务，建设“智慧旅游”服务网络。

第三，推进文化产业发展。改造提升广播影视、出版发行、工艺美术、演艺娱乐等传统优势产业，发展文化创意、动漫游戏、数字出版、移动多媒体等新兴文化产业。推进文化改革发展，加强开封宋都古城、郑州嵩山、洛阳龙门、邯郸赵王城、定陶汉墓、蚌埠大明等文化产业示范园区建设。健全文化市场体系，建设中国郑州广播影视节目交易中心和郑州区域性新闻出版物流中心。开通河南电视台卡通频道。大力发展对外贸易，打造一批文化产品出口示范基地，推动中原文化走出去。

第四，加快金融业发展。加快推进郑东新区金融集聚核心功能区建设，积极开展国际结算业务，推动国内外金融机构、后台服务中心、金融外包服务企业进驻。支持郑州商品交易所增加期货品种，推动综合保税区开展离岸金融业务。推进地方法人银行改制重组。积极研究在河南设立保险公司法人机构的可行性，在条件具备的情况下给予必要支持。支持符合条件的农村信用社改制组建农村商业银行。支持设立创业投资基金，培育股权投资机构。支持符合条件的企业上市和发行债券，扩大直接融资规模。

第五，提升传统服务业。优化城市商业网点结构和布局，鼓励和支持连锁经营、物流配送、电子商务等经营业态向农村延伸，引导住宿和餐饮业健康规范发展。推动传统商贸、餐饮和休闲娱乐融合发展，鼓励中心城市积极发展商贸综合体。以社区商业网点、社区养老、家政服务、医疗卫生等改造建设为重点，推动创建一批居民服务示范社区。支持发展具有较强竞争力的大型商贸流通企业。

第六，培育新兴服务业。大力发展信息服务业，建设郑州软件服务外包基地，加快推进郑州国家电子商务示范城市建设。加快发展研发设计、技术交易、信息咨询等服务产业，推动科技、创意企业孵化园区建设，创建一批企业工业设计中心。积极发展会展业，举办国际性展会，培育知名会展品牌。支持郑州发展国际会展业，推进郑州服务业综合改革试点市建设。

5. 提高自主创新能力

强化科技支撑，发挥企业自主创新主体作用，实施企业创新能力建设工程，强化与高等院校、科研院所及跨国企业的战略合作，建设一批企业技术中心、工程（重点）实验室、工程（技术）研究中心等研发平台。加强与中国科学院的合作，推进科技成果转移转化中心建设。在矿山装备、冶金节能、小麦育种、物联网等领域建设一批产业技术创新战略联盟，提高轨道交通、智能电网、花卉、生物医药等创新联盟发展水平。实施品牌创建工程，培育一批拥有自主知识产权和核心技术的知名品牌。支持郑州、洛阳等加快建设国家创新型城市，推动郑州、洛阳成为具有重要影响力的产业创新中心。推动在中原经济区布局建设知识产权区域中心。支持邢台、邯郸、长治、淮北、蚌埠、开封、洛阳、平顶山、安阳、新乡、南阳等老工业基地城市加快调整改造，支持焦作、濮阳、三门峡等资源型城市可持续发展。

三、新型农业现代化建设

（一）农业现代化与新型农业现代化

国外关于农业发展的理论研究更多地关注于传统农业如何转向现代农业，即“农业转型”问题，并没有“农业现代化”的概念。农业现代化是具有中国特色的农业发展概念，自20世纪50年代我国提出这个概念以来，许多学者便从不同的角度对农业现代化的内涵作了阐释。

从国内农业现代化的研究历程来看，20世纪50~60年代学者一般将其概念概括为农业的“四化”，即农业机械化、农业化学化、农业水利化和农业电气化。由此可见，当时提及的农业现代化基础就是现代工业技术在农业中的应用，概念本身强调的是农业现代化就是工业技术对农业的装备过程。20世纪八九十年代，学术界一般认为，农业现代化的实质就是运用现代科学技术、现代工业提供的物质装备和现代科学管理方法，把传统农业转变为现代农业的过程，突出了农业现代化是把传统农业转变为现代农业的过程。20世纪90年代末，学术界对农业现代化的内涵进行了深入剖析，提出了农业现代化的“过程和手段”论，其中宣杏云认为：①农业现代化是一种过程。它是以直观经验和手工工具为基础的传统农业转变为以现代科学技术、生产手段和经营管理方法为基础的现代农业的过程；它又是从自给自足农业向商品农业转变和发展的过程。②农业现代化又是一种手段，即一国为适应工业化迅速发展的需要，使其落后的农业生产部门尽快实现现代化的各种手段的总称。

21世纪以来，又有学者从生产力、生产关系和上层建筑三个层面来研究农业现代化的内涵，认为农业现代化不仅是技术发展过程，而且是技术、经济、社会条件互相促进又互相制约的发展过程。赵景阳等认为：①农业生产力的现代化即农业生产资料、农业劳动者、农业科技和农业管理的现代化；②农业生产关系现代化即农业生产市场化、农业经营产业化；③农村上层建筑现代化即农村政治民主化、农村管理法律化等。这一内涵诠释仍然强调农业现代化的“过程”论，但其优点在于从技术、经济、社会的相互关系中来把握农业现代化的内涵，并且把农业现代化的内涵从经济领域拓展到政治领域。张术环从广义和狭义的角度研究农业现代化的内涵，指出农业现代化是一个从传统农业向现代农业转变的过程。狭义农业现代化是指农业这个产业的现代化，广义的农业现代化包括狭义的农业现代化、农村现代化和农民现代化。该观点的优点在于从“三农”问题，即从“农业、农民、农村”三个维度与农业现代化展开相互关系研究，透视农业现代化的内涵。

河南在中原经济区建设过程中，全面总结河南经济社会发展经验，从地区发展实情出发，提出了具有区域特性的“新型农业现代化”——以粮食优质高产为前提，以绿色生态安全、集约化标准化组织化产业化程度高为主要标志，基础设施、机械装备、服务体系、科学技术和农民素质支撑有力的农业现代化。原丰总结新型农业现代化的概念内涵，认为其体现在“四新”：①新在不简单就农业现代化谈农业现代化，而是与其他“双化”相融合，与其他“双化”形成有机整体，不可分割，不争资源，互促共进，协调发展。②新在有力推动农业社会化大生产，从根本上提高农业劳动生产率、资源利用率和土地产出率，为新型工业化提供原料和劳动力，拓展新型城镇化的发展空间，加快现代化进程，改变全社会发展的面貌。③新在通过新型城镇化发展有效减少农村人口，推进适度规模经营、集约化标准化生产，提高农业效益。充分利用新型工业化强大的技术和物质生产能力、信息化优势，为新型农业现代化提供有力支撑。④新在为转变农业发展方式指明了方向。更加凸显粮食安全、突出农产品质量、重视综合生产能力提升，走的是数量质量效益并重之路，建设的是可持续农业，实现的是社会化大生产，目标是盈仓富农、强基固本。

（二）推进中原经济区新型农业现代化建设的意义

中原经济区作为国家粮食生产核心区，肩负着国家粮食战略安全的重任。因此，不断提高农业现代化水平，是中原经济区参与国家区域分工的战略要求，是保障国家粮食安全、实现社会主义现代化建设的必然要求。近年来，中原经济区始终坚持农业基础地位不动摇，始终坚持粮食生产不放松，主要农产品产量、农业经济总量位居全国前列，成为名符其实的粮食大区、农业大区。其主体区河南省作为全国第一农业大省，省委省政府高度重视“三农”工作，在国家实施“以工哺农、以城带乡”的大背景下，通过支农惠农和扶持政策有力地激发了广大农民发展农业和粮食生产的积极性，近10年粮食产量连续增产，稳居全国第一，实现新型工业化和新型城镇化快速推进的同时保证农业的稳步推进。中原经济区具有农产品生产加工的比较优势，食品工业已成为河南省六大优势产业之一，在全国具有重要地位。因此，2010年，时任河南省省长的郭庚茂指出：“立足农业资源，推进产业化经营，拉长产业链条，构建大食品产业生产和服务体系，是加快新型农业现代化的有效载体。”近年来，河南省不仅重点加强了百户重点企业和50户高成长企业以促进农业产业化进程，同时加大了农民在农村工业和其他非农产业就业的扶持力度，来自农村现代农业和非农产业的收入不断增加，为农村经济的繁荣积累了资金和增添了活力。

但整体看，中原经济区当前的农业形势与现代化的农业要求仍有很大差距：①农村人口基数大，整体素质不高。2013年中原经济区农村人口9100.9万，占全区比重为56.2%，占全国农村人口比重为14.45%。农村人口基数大，人均耕地1.1亩，整体素质不高，从业压力大。②农业基础仍需进一步巩固。耕地资源和水资源短缺，农业经营规模偏小，农业基础设施比较薄弱，投入不足，粮食稳定增产的机制尚不健全，抗灾能力不强。③农业结构不合理，产业化发展滞后。一方面，农业种植业比重高，粮食作物生产比重高，2013年河南省主体区粮食作物比重达70.39%。另一方面，人多地少，农户分散经营多，产业化水平滞后，农业劳动效率为国家平均水平的85%。④农业科技水平不高，信息化建设远不适应。全区农业发展缺乏具有带动全局性和战略性的重大技术、重大产品，缺乏必要的农业信息技术规范和标准，研发、转化、推广能力弱，科学实用技术普及不够。目前农民拥有计算机的比率还很低，电视、广播等仍然是当前农民获取信息的主要渠道，信息化建设还远不能适应农业现代化的发展需要。

因此，推进新型农业现代化，不仅能更好地为中原经济区新型城镇化、新型工业化提供土地、劳动力等要素支撑，而且有利于推进现代农业的机械化、规模化、产业化、信息化、科技化，为经济社会发展提供强有力的基础支撑，推动社会主义现代化建设的稳步前行。

（三）中原经济区新型农业现代化的推进重点

1. 建设粮食生产核心区

依托纳入全国新增千亿斤粮食生产能力规划的县（市、区），建设黄淮海平原、南阳盆地、太行山前平原、汾河平原优质专用小麦和优质玉米、水稻、大豆、杂粮产业带，大幅提高吨粮田比重，建设粮食生产核心区。加强农产品主产区耕地保护，稳定粮食播种面积。推进大中型水库和灌区建设，加大低洼易涝地治理、病险水库除险加固和大型灌排泵站更新改造力度，增强抗御旱涝灾害能力。加快高标准农田建设和中低产田改造。实施粮食丰产科技工程，建设一批粮食科技示范区。加快超高产新品种选育推广，建设全国小麦、玉米、水稻育种创新基地。推进农业机械化，提高粮食耕种收综合机械化水平。推进整建制粮食高产创建，实施提高粮食综合生产能力重大工程，打造 20 个粮食生产能力超 20 亿斤、25 个 15 亿 ~20 亿斤和 60 个 10 亿 ~15 亿斤的粮食生产大县，建设区域化、规模化、集中连片的国家商品粮生产基地。

2. 加快农业结构战略性调整

加快现代畜牧业发展，重点提高生猪产业竞争力，扩大奶牛、肉牛、肉羊等优势产品的规模，大力发展禽类产品，提高畜禽产品质量，建设全国优质安全畜禽产品生产基地。推进畜禽标准化规模养殖场（小区）建设，完善动物疫病防控和良种繁育体系，发展壮大优势畜牧养殖带（区）。优化生产布局，加大养殖品种改良力度，发展高效生态型水产养殖业。加快优势特色产业带建设，大力发展油料、棉花产业，推进蔬菜、林果、中药材、花卉、茶叶、食用菌、柞桑蚕、木本粮油等特色高效农业发展，建设全国重要的油料、棉花、果蔬、花卉生产基地和一批优质特色农林产品生产基地。

3. 构建现代农业支撑体系

加快发展农民专业合作组织，壮大龙头企业，培育知名品牌，做大做强优势特色产业，构建现代农业产业体系，建设一批现代农业示范区。推动耕地向种粮大户、农机大户、家庭农场和农民专业合作社集中，促进农业适度规模经营。加强农技推广队伍建设，深入实施重大科技专项，推进农业科技创新和成果转化，提高农业公共服务能力。完善农产品流通体系，建设一批大型农产品批发交易市场。加强农产品质量安全体系建设，建立健全农产品质量安全标准体系和质检体系。加强农业信息和气象服务，推进农村信息化建设。

4. 大力发展农业产业化集群

实施现代农业产业化集群培育工程，支持具有优势农业资源的地区依托高产高效生态农业产业基地，引导农产品加工企业向产业集聚区集聚，建设与农业产业化集群相配套的农产品产地批发市场、物流配送中心，促进一二三产业融合互动。完善鲜活农产品、特色农产品和冷链物流体系，支持各地发展农社对接、农超对接、直销直供等现代流通新业态；鼓励有条件的农业发展示范区创建区域特色品牌，发展电商及连锁配送，探索创新服务农业生产营销的新方式。支持相关领域、相近环节、上下游产业间的各类农业新型经营主体的融合发展，通过“接二连三”“隔二连三”，创新联动经营、协作服务的合作机制，引导新型经营主体组合型、群体化发展。

四、“两不”“三新”下的“三化”协调发展

从 1945 年毛泽东在《论联合政府》中关于工业化道路的论证，到中国 1964 年“四个现代化”中关于城镇化与工业化道路的论证，到 20 世纪 90 年代关于城镇化、工业化、农业现代化协调发展的提出，到十八大融入信息化后的“四化同步”，到近期绿色化发展理念的不断深

入，中国的社会主义现代化战略逐渐演变为“五化”协调发展——工业化、城镇化、农业现代化、信息化、绿色化协调发展。在社会现代化建设不断推进下，各“化”的时代内涵不断发生变化，新型工业化、新型城镇化、新型农业现代化的提法先后出现，“新三化”与“老三化”的对比式概念也不断呈现，这些都打上了中国特色社会主义道路下的时代印迹。从内涵上看，新型城镇化、新型工业化、新型农业现代化中蕴含着转变经济发展方式、注重节能减排、倡导循环经济、提升信息化水平、追求科技创新、强调资源环境保护等信息化与绿色化的发展诉求，因此王发曾、简新华等认为“化”与“化”协调发展的追求目标是一致的，都强调以科学发展观为统领，坚持发展是第一要义，以人为本，按照全面、协调、可持续的基本要求，统筹兼顾，努力实现经济、社会、环境和人的协调发展。本书认为，中原经济区强调走“两不”“三新”的“三化”协调之路与“四化”同步、“五化”协调在内涵和目标上是一致的，并且体现中原经济区现代化建设之路的特色。

“两不”是指不以牺牲农业与粮食，“三新”是指新型工业化、新型城镇化、新型农业现代化协调发展。“两不”“三新”三化协调发展是指在建设中原经济区的过程中，要走一条不以牺牲农业与粮食、生态与环境为代价的新型工业化、新型城镇化、新型农业现代化“三化”协调发展的可持续发展之路。国务院《关于支持河南省加快中原经济区建设的指导意见》和《中原经济区规划（2012—2020）》均明确指出：“积极探索不以牺牲农业和粮食、生态和环境为代价的‘三化’协调发展的路子，是中原经济区建设的核心任务。”在中原经济区建设的具体实践中，我们省进一步诠释为“持续探索不以牺牲农业和粮食、生态和环境为代价的，以新型城镇化为引领，以新型工业化为主导，以新型农业现代化为基础的‘三化’协调科学发展的路子”。这充分说明河南省在贯彻中央精神时加重了可持续性、创新性，中原经济区战略的核心任务已经明晰。

“两不”“三新”三化协调科学发展是中原经济区建设的最高境界。中原经济区是实现中原崛起、河南振兴的载体和平台。中原经济区建设上升为国家战略后，其载体和平台效应将更加坚实，在中部地区崛起中发挥的作用将更加凸显，在国家区域经济社会发展版图中的战略地位将更加重要。这个载体和平台建设的最高境界是“两不”“三新”三化协调科学发展。一直以来，从决策层到学术界，从干部到人民群众，从党政部门到社会各界，从省直机关到地方政府，对这条路子的认知逐渐统一。“三化”协调科学发展已经成为中原崛起河南振兴的一面“帅旗”，成为各个层面决策与实务的共同“准则”，成为亿万中原儿女的共同行动“纲领”，成为历史评价中原经济区建设的“标杆”，自然是无可争议的核心任务。

“三化”协调科学发展是中原经济区建设进入国家战略的唯一选择。我国中部地区崛起战略的一个突出指向，是切实保障国家粮食安全，加强粮食生产核心区建设。尤其是作为粮食主产区的河南省，更是首当垂范。河南以占全国6.5%的耕地生产了占全国10.3%的粮食。根据《指导意见》，中原经济区要建成全国重要的高产稳产商品粮生产基地，到2020年粮食生产能力稳定达到1300亿斤。这是一个不折不扣的硬任务，也是河南省产业结构调整、土地资源配置的一道红线，更是国家认可、支持中原经济区建设的前提。另外，河南人口密度是全国平均水平的四倍，生态环境负载本来就过重、超重，再加上增长和发展的欲望施加的重重压力，脆弱的生态环境再也经不起折腾。提高生态水平、维护环境质量，是中原地区可持续发展的必然，也是国家认可、支持中原经济区建设的底线。正是有了“两不牺牲”的承诺，中原经济区建设才得以上升为国之方略，正是有了持续探索一条“三化”协调科学发展路子的不懈追求，中原经济区建设的发展主题才愈加明晰。

五、小结

不以牺牲生态与环境、农业与粮食的“三化”协调发展是中原经济区建设的核心使命之一，对于河南省现代化战略任务的实现意义重大。中原经济区作为我国经济社会发展的缩影，探索“两不”“三新”的“三化”协调发展的路子，解决好“三化”协调问题，在全国具有典型性和代表性。以新型“三化”协调为战略使命，是河南省在深刻认识全区区情的基础上贯彻落实“五化”协调发展的具体体现，是探索经济新常态背景下探索经济发展方式转变的有益探索，更是实现全面建成小康社会与实现中原崛起、河南振兴、富民强省的重要保障。我们有理由相信，在“两不”“三新”保障下“中原崛起梦”会早日实现。

第九章

中原经济区建设之郑州航空港经济综合实验区建设

郑州航空经济综合实验区作为国家批准的第一个以航空经济为引领的国家级新区与中原经济区经济社会发展的引领示范区，是提升中原经济区核心竞争力的重要支撑平台，是促进郑汴都市区经济增长的“新引擎”，是郑州市朝着国际化陆港城市、国际性的综合物流区、高端制造业基地和服务业基地方向发展的主要载体。可以说，河南省郑州市规划建设“郑州航空经济综合实验区”不仅要将其打造成为郑州市经济发展的新板块，还要成为中原经济区经济发展的示范区、引领区。本章主要介绍郑州航空经济综合实验区的由来、建设意义、空间布局，分析其作为中原经济区核心带动区的引领意义，以期为提升中原经济区核心区域的辐射带动能力提供支撑。

一、发展历程与基本概况

2007 年，河南首提民航优先战略，并作为一号工程重视。之后河南省提出“建设综合交通枢纽”，当时郑州北站（亚洲最大铁路编组站）和郑州国际机场的规划均提出铁路从机场下穿过，该规划理念全国首创，引起国家民航局的极大兴趣。

2010 年 8 月，随着富士康国际进驻郑州航空港区后所产生的连锁效应，以及郑州新郑综合保税区的获批和封港运营，一大批实力雄厚的世界知名企业纷纷抢滩郑州，郑州航空港区呈现出井喷式的发展。

2011年4月，全国航空工作会议在贵阳召开。河南获悉中国民航布局进行战略调整的消息，要在内陆的中部地区选择一家机场，分担北京，上海，广州三个机场剥离出的中转功能和门户机场的功能。在当时的工作会议上，来自中国民用航空局及北京航空航天大学等专家代表推介郑州。

2011年9月28日，《国务院关于支持河南省加快中原经济区建设的指导意见》出台，标志着中原经济区建设正式上升为国家战略。在该意见中明确指出：推进郑州国内大型航空枢纽建设，加快建设郑州机场二期工程，积极引进和培育基地航空公司，增开连接国际大型枢纽机场的客货运航线，扩大航权开放范围，大力发展航空物流，把郑州机场建成重要的国内航线中转换乘和货运集散区域性中心。这对于郑州建设国内大型航空港提供了政策支持，也为以后航空港区的大发展创造了条件。

2011年11月，郑州新郑综合保税区正式封关运行。这让其成为后获批的郑州航空港经济综合实验区的重要组成部分，这是国内少有的围绕机场建设的综合保税区。

2012年4月，河南省委常委会讨论航空经济综合实验区，进一步提升了认识，决定向国务院申请设立。

2012年7月8日，《国务院关于促进民航业发展的若干意见》出台，提出发展航空经济、建设若干示范区，为河南省的申报工作提供了强劲的动力。

2012年7月，河南省联合国家民航局向国务院正式上报建设实验区的请示，同时27个省（区、市）的51个城市先后提出54个航空经济区的规划与设想，中部地区的武汉、西安也都在提出航空港经济实验区建设。

2012年9月，国家发展改革委向国务院上报同意建设实验区的请示。2012年10月，国务院批复同意规划建设航空实验区，要求国家发展改革委牵头编制规划。

2012年11月17日，国务院批复《中原经济区规划》的同时，进一步支持规划建设实验区。意见中明确郑州建设国内大型航空枢纽，随即中国民航局又把郑州新郑国际机场确定为“十二五”期间中国综合交通枢纽建设试点。

2011 年 11 月，郑州新郑综合保税区正式封关运行。这是国内少有的围绕机场建设的综合保税区。2012 年 9 月，郑州市跨境贸易电子商务服务试点项目启动，成为全国唯一一个利用综合保税监管场所进行试点的城市。

到 2012 年年底，郑州航空港区（行政规划区，并非 2013 年获批的郑州航空港经济综合实验区）实现地区生产总值 190. 7 亿元，同比增长 77. 6%，已经成为中原经济区最具活力的发展区域。截至 2012 年年底，区内龙头企业富士康生产苹果手机 1. 05 亿部，占全球苹果手机的 70%。已有 73 家富士康配套企业注册登记，上百家富士康协理厂商落户，并将带动 100 多个产业、400 多个配套企业入园。

2013 年 3 月 7 日，国务院正式批复了《郑州航空港经济综合实验区发展规划（2013—2025 年）》。这是全国首个上升为国家战略的航空港经济发展先行区。规划提出，郑州航空港经济综合实验区的战略定位为国际航空物流中心、以航空经济为引领的现代产业基地、内陆地区对外开放重要门户、现代航空都市、中原经济区核心增长极。

2014 年 9 月 10 日，郑州城乡规划局公示《郑州航空港经济综合实验区专项规划》；2016 年 1 月 8 日，郑州航空港经济综合实验区（郑州新郑综合保税区）规划与国土资源局公示《郑州航空港经济综合实验区总体规划（2014—2040）》。这些规划为郑州航空港经济综合实验区的进一步建设提供了蓝图。

近年来，郑州新郑综合保税区（郑州航空港区）经济社会发展态势迅猛。2014 年，全区各项经济指标持续快速增长。全区固定资产投资完成 401 亿元，增长 91. 8%；生产总值完成 413 亿元，增长 18%；规模以上工业增加值完成 343 亿元，增长 21%；规模以上工业主营业务收入完成 2090 亿元，增长 17. 7%；公共预算财政收入完成 21. 2 亿元，增长 40. 4%；外贸进出口总额完成 379. 2 亿美元，约占全省的 58. 3%；各主要经济指标增速均高于全省、全市增幅，继续领跑全省 180 个产业集聚区与全市四个开发区。

图9－1　郑州航空港核心区鸟瞰

二、建设意义

郑州航空港经济综合实验区位于郑州市中心城区东南约20公里，规划面积415平方公里。随着经济全球化深入发展，航空运输正成为在全球范围内配致高端生产要素、提升国家和区域竞争力的重要途径，航空港经济日益成为推动经济发展的新引擎。建设郑州航空港经济综合实验区，有利于优化航空货运布局，提升我国民航业国际竞争力；有利于推动我国航空港经济发展，促进产业结构升级和发展方式转变；有利于建设内陆开放高地，探索中西部地区全方位扩大开放新途径；有利于构建中原经济区战略突破口，带动新型城镇化、工业化和农业现代化协调发展。总结而言，建设郑州航空港经济综合实验区具有以下意义：

（1）郑州航空港经济综合实验区的建设有助于利用航空经济优化产业结构，引导产业聚集。首先，航空港的建设可以吸引大批现代航空公司入驻，进而带动航空物流业的发展。航空物流节省成本和时间，效率、准确率也更高，配合河南省的陆上交通优势，可以大大提高地区物流业水平和规模。同时，航空港的建设还可以带动一大批新技术、新能源、新材料的企业来此投资创业，能够促进传统产业的改造升级，促进产品轻量化、精细化、智能化；特别是电子信息产业以智能手机为代表的智能终端产业，能够带动一批整机企业和核心配套企业，形成完整的产业链和产业集群，使得区域产业结构更加合理，高新产业规模不断扩大。

（2）郑州航空港经济综合实验区的建设有助于促进区域“三化”协调、“四化”同步、“五化”协调，开辟现代都市发展路径。要充分以此次航空港建设为契机，坚持高起点规划、高标准建设，集约高效利用土地，加大自然生态系统和环境保护力度，完善城市基础设施和公共服务，塑造宜居宜业的发展环境，促进人口集聚，使得区域内新型城镇化、新型工业化、农业现代化、信息化同步发展。在依托区域良好生态系统的基础上，规划建设一批传统文化与现代文明相得益彰的城市社区，提高城市品位，创造中原特色，开辟现代都市发展的新模式，促进大郑州都市区的发展。

（3）郑州航空港经济综合实验区的建设有助于加快对外开放步伐，成为中部地区标志性窗口。郑州航空港经济综合实验区的目标是成为中国内陆一个重要的国际航空物流中心，为海内外客商利用全球资源，为高端制造业、现代服务业在中国内陆战略布局创造条件。要抓住机会发展航空经济，引进航空物流等资源，利用河南现有的几乎是全国最密的道路运输网络，争取将其建成重要的国内综合交通密集区。通过其综合交通优势，可以融入到国际物流网络中去，形成对整个中原经济区乃至中部地区的重要开放窗口。

（4）郑州航空港经济综合实验区的建设有助于提高中原经济区的竞争力，打造区域发展的新引擎。眼下正在进行的第三次工业革命中的物联网、追踪库存、电子商务、电子交付等都是与航空业密切相关的产业。随着郑州航空港经济综合实验区建设进程的推进，未来将有电子、信息网络、生物制药等领域的很多高科技企业进驻，并能充分利用航空港的地域优势、交通优势、人力优势、政策优势等条件形成经济效益和区位优势。而郑州航空港所带来的经济效益和带动优势必然成为提升区域经济竞争力、促进跨越式发展的“新引擎”，为中原经济区的腾飞插上航空经济的翅膀。

三、战略定位与空间布局

（一）战略定位

国际航空物流中心。建设郑州国际航空货运机场，进一步发展连接世界重要枢纽机场和主要经济体的航空物流通道，完善陆空衔接的现代综合运输体系，提升货运中转和集疏能力，逐步发展成为全国重要的国际航空物流中心。

以航空经济为引领的现代产业基地。发挥航空运输综合带动作用，强化创新驱动，吸引高端要素集聚，大力发展航空设备制造维修、航空物流等重点产业，培育壮大与航空关联的高端制造业和现代服务业，促进产业集群发展，形成全球生产和消费供应链的重要节点。

内陆地区对外开放重要门户。提升航空港开放门户功能，推进综合保税区、保税物流中心发展和陆空口岸建设，完善国际化营商环境，提升参与国际产业分工层次，构建开放型经济体系，建设富有活力的开放新高地。

现代航空都市。树立生态文明理念，坚持集约、智能、绿色、低碳发展，优化实验区空间布局，以航兴区、以区促航、产城融合，建设具有较高品位和国际化程度的城市综合服务区，形成空港、产业、居住、生态功能区共同支撑的航空都市。

中原经济区核心增长极。强化产业集聚和综合服务功能，增强综合实力，延伸面向周边区域的产业和服务链，推动与郑州中心城区、郑汴新区联动发展，建设成为中原经济区最具发展活力和增长潜力的区域。

（二）空间布局

郑州航空港区位条件优越，地处我国内陆腹地，空域条件较好，便于接入主要航路航线，适宜衔接东西南北航线，开展联程联运，有利于辐射京津冀、长三角、珠三角、成渝等主要经济区，具有发展航空运输的独特优势。目前，郑州航空港经济综合实验区规划面积415平方公里，边界东至万三公路东6公里，北至郑民高速南2公里，西至京港澳高速，南至炎黄大道。按照“三区两廊”的布局空间规划，包括航空港区、北部城市综合服务区、南部高端制造业集聚区、沿南水北调干渠生态防护走廊、沿新107国道生态走廊五个部分。目前，区内已建成了较为完善的供电、通信、天然气、供排水、供暖、有线电视和宽带网络；医院、学校、银行、酒店、客运站等生活配套设施已基本到位，土地自然平整，可完全满足大型企业入驻的需求。

其中，航空港区，规划面积160平方公里，主要包括机场及其周边核心区域，建设空港服务区、综合保税区、航空物流区、陆空联运集疏中心等设施，重点布局发展航空运输、航空航材制造维修、航空物流、保税加工、展示交易等产业。

城市综合服务区，位于空港北侧，规划面积100平方公里，建设高端商务商贸区、科技研发区、高端居住功能区，围绕绿色廊道和生态水系进行布局，重点发展航空金融、服务外包、电子商务、文化创意、健康休闲等产业。

高端制造业集聚区，位于空港南侧，规划面积155平方公里，建设航空科技转化基地和航空偏好型产业发展区，重点布局发展通用航空设备制造、电子信息、生物医药、精密机械、新材料等产业。

沿南水北调干渠生态防护走廊，在南水北调主干渠两侧建设沿岸森林公园、水系景观、绿化廊道，打造体现航空文化内涵、集生态保护和休闲游览于一体的景观带。

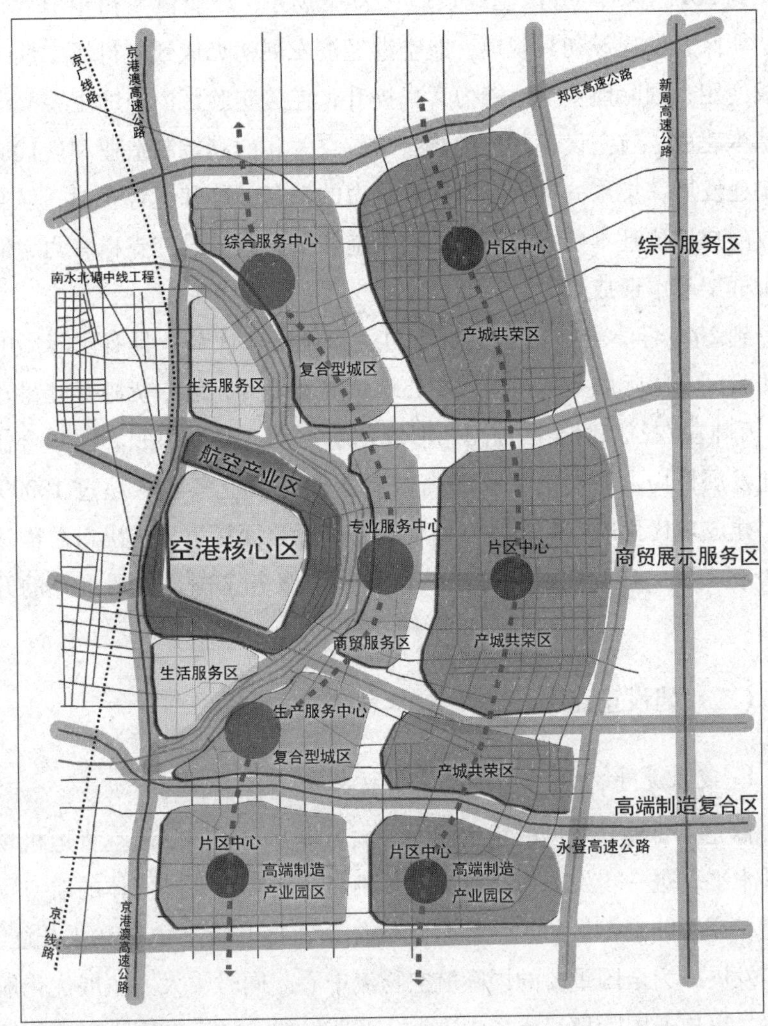

图 9－2　郑州航空港经济综合实验区规划布局

四、建设目标与建设重点

（一）建设目标

按照整体规划、分步实施的原则，力争经过十多年的努力，使实验区建设取得显著成效。

到2017年，实验区基础设施、公共服务、产业体系初步形成，主要功能区开发建设初具规模，航空港经济发展初见成效。机场二期工程建成使用，国际航空货运能力大幅提升，连接实验区内外的主要交通通道基本建成；航空设备制造维修、与航空关联的高端制造业和现代服务业快速发展，集聚一批具有国际竞争力的知名品牌和优势企业，航空港开放门户地位基本确立；市政基础设施和公共服务设施支撑有力，航空都市框架基本形成。

到2025年，建成富有生机活力、彰显竞争优势、具有国际影响力的实验区。国际航空货运集散中心地位显著提升，航空货邮吞吐量达到300万吨左右，跻身全国前列；形成创新驱动、高端引领、国际合作的产业发展格局，与航空关联的高端制造业主营业务收入超过10000亿元；建成现代化航空都市，营商环境与国际全面接轨，进出口总额达到2000亿美元，成为引领中原经济区发展、服务全国、连通世界的开放高地。

（二）建设重点

1. 建设竞争力强的国际航空货运枢纽

首先，要提升机场的货运能力。大力提升郑州国际航空货运机场的硬件水平，进一步发展连接世界重要枢纽机场和主要经济体的航空物流通道，完善陆空衔接的现代综合运输体系，提升货运中转和集疏能力，逐步发展成为全国重要的国际航空物流中心。同时，大力拓展优化航线网络，以连通国际枢纽机场为重点，开辟航线、加密航班，打造轮辐式航线网络，积极发展全货机航班，构建联系全球的空中通道。

其次，要着力发展壮大航空货运货代企业。吸引巩固现有基地航空公司；培育发展地方航空公司；支持国内外大型航空公司、快递物流企业在郑州机场设立基地、增加运力，建设区域运营中心和快件处理中心。推动航空货运服务代理企业集聚发展，与航空公司、重点客户加强合作，培育一批服务网络覆盖全国乃至全球的骨干企业，拓展航空货运上下游市场。

最后，要提高机场服务水平，完善服务保障体系。运用先进经营理念、管理方式和信息技术，优化流程设计，缩短客货进出港时间，提高客货运中转效率，建立航班延误预警和应急机制，提升服务质量，建成国际一流、国内领先的航空服务保障体系。陆续完善陆空交通的连接体系，形成航空、公路、铁路高效衔接、互动发展的联运格局。在货运上，提高转运综合服务能力，积极发展高铁快递业务，加强空陆联运设施建设，发挥海关特殊监管区域货物集拼、转运功能。在客运上，推动郑州机场与郑州高铁客运枢纽站紧密对接，大力发展空铁联运，逐步发展成为全国重要的客运中转换乘中心。

2. 建设高端航空港经济产业体系

要发挥航空运输综合带动作用，强化创新驱动，吸引高端要素集聚，大力发展航空设备制造维修、航空物流等重点产业，培育壮大与航空关联的高端制造业和现代服务业，促进产业集群发展，发展以航空经济为引领的现代产业基地，形成全球生产和消费供应链重要节点。加强与原材料供应商、生产商、分销商、需求商的协同合作，充分利用全球资源和国际国内两个市场，形成特色优势产业的生产供应链和消费供应链，带动高端制造业、现代服务业集聚发展，构建以航空物流为基础、航空关联产业为支撑的航空港经济产业体系。

大力发展航空物流业，推动快递龙头企业建设区域快递物流基地，构建规模化、网络化航空快递服务体系，建设全国重要的航空快递转运中心。同时，加强与国外枢纽机场口岸合作，建设空空联运体系，实现航运信息共享。推进航空物流园建设，完善分拨转运、仓储配送、交易展示、加工、信息服务、研发设计等功能。积极引进国内外高端制造业，例如航空制造维修、电子信息、生物医药等高新技术企业。建设以柔性化、智能化、轻型化为重点的精密机械产品生产基地。

同时，要高标准建设会展基础设施，创造条件积极筹办、承办国内外知名论坛、发布会、展览会、展销会等。加强与国内外知名电商的战略合作，搭建安全便捷的商业交易应用服务平台，建设全国重要的电子商务中心，研究探索建设跨境网购物品集散分拨中心。重点发展与航空港经济密切相关的金融租赁、离岸结算、航运保险、贸易融资等业务。并根据国家产业布局和地区资源禀赋，积极发展航空物流信息服务、智能通信软件开发、生物医药研发、航空人才培训、航空商务咨询和认证评估等服务外包及相关服务业，培育国际知名的服务外包自主品牌，打造具有地区产业特色的服务外包基地。

3. 建设绿色智慧航空都市

借鉴国际经验，规划建设城市综合服务区，为空港、产业发展提供服务支撑，树立生态文明理念，坚持集约、智能、绿色、低碳发展，优化实验区空间布局，以航兴区、以区促航、产城融合，建设具有较高品位和国际化程度的城市综合服务区，打造畅通高效的交通网络、绿色宜居的生活环境、集约有序的城市空间，形成空港、产业、居住、生态功能区共同支撑的航空都市。

要建设高水平城市综合服务区。坚持高起点规划、高标准建设，集约高效利用土地，加大自然生态系统和环境保护力度，完善城市基础设施和公共服务，塑造宜居宜业的发展环境，促进人口集聚。推进现代化基础设施建设，优化完善以机场为中心的内部交通网络和市政公用设施。实现物流、人流的高效集疏。加强基础信息、安全应急、综合运输管理与协调系统建设，建立新一代智能交通管理与服务体系，促进城市交通、民航、铁路等部门之间的协调联动。同时，加快供水、供电、防灾减灾设施建设，构建功能完善、保障有力、安全可靠的市政设施体系。加强灾害风险管理，加快建立与经济社会发展相适应的综合防灾减灾体系。在公共服务设施上，健全基本公共服务体系，着力发展高品质教育、医疗、文化、就业、社会保障等公共服务，完善城市生活服务功能。规划建设一批设施先进的文化体育基础设施，完善公共就业服务体系。

在建设过程中要加强生态建设和环境保护，坚持生态优先。做好过境工程的沿线生态廊道建设，优化绿地布局，构建区域绿网系统。加强区域环境影响评价，严格控制主要污染物排放总量。严格建设项目环境准入，发展循环经济，推进清洁生产，降低排污强度，加大环境风险管控监管力度。推进区域内建立环境质量和重点污染源自动监测系统。积极开发利用清洁能源，改善区域大气环境质量。强化工业固体废物和生活垃圾无害化处理设施及收运体系建设，推广垃圾分类收集处理。加强地下水污染防治，加强环境风险防范和应急处置。

4. 建设内陆开放型航空港区

提升开放门户功能，发挥生产供应链和消费供应链的服务带动作用，为内陆地区利用全球资源和国际市场提供平台，促进区域联动互动发展，构筑中西部地区对外开放新优势。提升航空港开放门户功能，推进综合保税区、保税物流中心发展和陆空口岸建设，完善国际化营商环境，提升参与国际产业分工层次，构建开放型经济体系，建设富有活力的开放新高地。

首先，要提升开放平台服务功能，整合发展海关特殊监管区域。完善郑州新郑综合保税区物流、仓储、研发、展示等功能，推动国际中转、配送、采购、转口贸易和出口加工等业务发展。加快口岸建设，完善航空口岸功能，建设内陆地区口岸后续监管场所，加大基础设施投入力度，提高口岸信息化、机械化管理和作业水平。促进通关便利化，加快电子口岸平台建设，促进进出口货物通关无纸化改革。建立完善通关联络协调机制，构建互联互通、高效运转的对外开放通道。

其次，构建国际化营商环境，创新对外开放体制机制。在企业注册登记、融资、跨境交易、投资者保护、履约、结算等方面，加强与国际规则和国际惯例接轨。在全面推行客商投资代办制的同时引进国际专业服务机构，为各类企业提供优质服务。推进民航管理先行先试，加大实验区民航业对外开放力度，鼓励外资进入民航业。建立完善低空空域运行管理和服务保障体系，支持发展通用航空。创新海关监管模式，支持实验区开展海关监管制度创新，推动郑州现有海关特殊监管区域的功能创新和多元化发展，以此带动中原经济区开放发展。

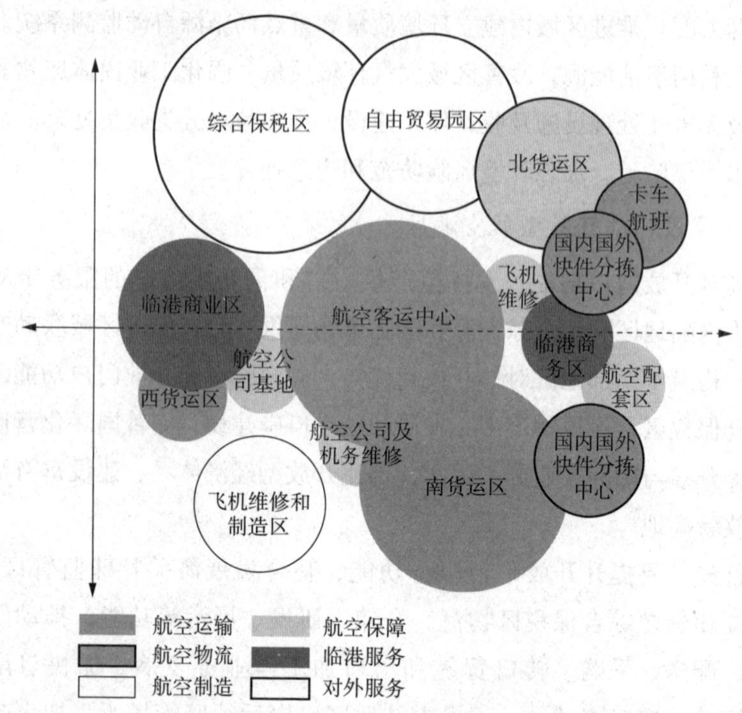

图 9－3　郑州空港核心区功能构成

注：根据《河南商报》介绍郑州航空港经济综合实验区的相关图片绘制。

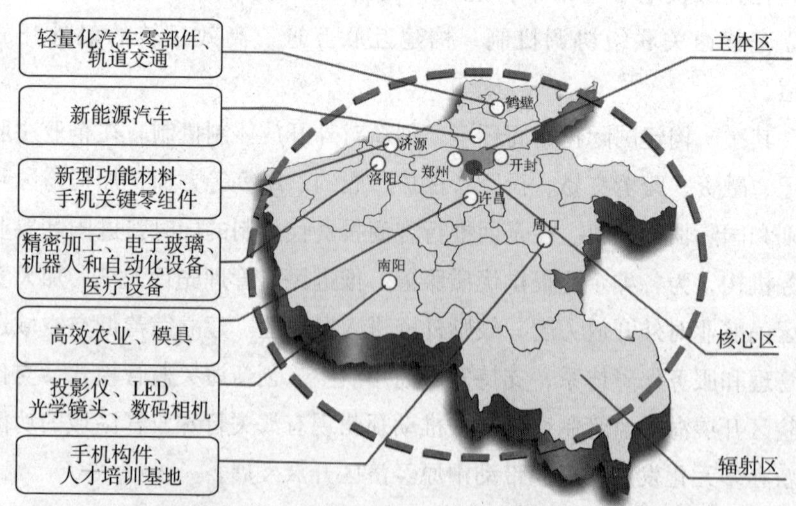

图 9－4　郑州航空港经济综合实验区空间辐射影响图

注：根据《河南商报》介绍郑州航空港经济综合实验区的相关图片绘制。

五、小结

自2013年3月，《郑州航空港经济综合实验区发展规划2013—2025》获国务院正式批复并上升为国家战略，郑州航空港经济实验区围绕着“建设大枢纽、发展大物流、培育大产业、塑造大都市”的发展主线如火如荼地展开了建设。我们有理由相信，河南省倾力打造以郑州机场为核心的“郑州航空港经济综合实验区”，必将成为中原经济区发展的引擎和国家内陆开放高地，中原经济区的核心竞争力必将大幅的提升。在美好蓝图的规划下，未来的实验区将是一个集宜居、生态、绿色、环保等为一体的“新都市”。

第十章

中原经济区建设与“一带一路”战略

李克强总理在2015年政府工作报告中提出，拓展区域发展新空间，统筹实施“四大板块”（东部、西部、东北老工业基地、中部）和“三大支撑带”（丝绸之路经济带和21世纪海上丝绸之路、京津冀协同发展、长江经济带）战略组合。丝绸之路经济带和21世纪海上丝绸之路简称“一带一路”，成为推动我国经济外向型发展和参与全球经济社会发展的重要支撑带，也成为中原经济区建设融入全球化建设的重要通道。本章在深刻解读“一带一路”战略内涵的基础上，提出了“一带一路”战略下中原经济区建设的具体行动，以期为增强河南省在丝绸之路经济带建设中的战略支撑作用与打造“一带一路”战略核心腹地提供参考。

一、“一带一路”的战略解析

（一）“一带一路”世纪伟业的提出

“一带一路”战略宣示：中国愿与沿线国家共建丝绸之路经济带和21世纪海上丝绸之路。“一带一路”是中国首倡、高层推进的国际战略、超级国家战略，是契合沿线国家的共同需求、开展国际合作的新平台，对我国现代化建设和屹立于世界民族之林先进行列具有深远的战略意义。

2015年3月28日，国务院授权国家发展改革委、外交部、商务部共同发布了《推动共建丝绸之路经济带和21世纪海上丝绸之路的愿景与行动》（简称《愿景与行动》）。

“一带一路”战略顺应世界多极化、经济全球化、文化多样化、社会信息化的潮流，符合国际社会的根本利益，彰显人类社会共同理想和美好追求，是国际合作以及全球治理新模式的积极探索。

中国承诺在力所能及的范围内承担更多责任义务，秉持和平合作、开放包容、互学互鉴、互利共赢的理念，共建“一带一路”，全方位推进务实合作，打造政治互信、经济融合、文化包容的利益共同体、命运共同体和责任共同体。

“一带一路”战略视野深远、气势恢宏，涉及的区域辽阔，涵盖的问题复杂，是中国人民的世纪伟业。而从概念的提出到《愿景与行动》出台，仅一年半的时间，有值得思考的问题是正常的，对这些问题进行科学思辨也是必要的。

（二）“一带一路”的决策基础

“一带一路”战略由我国最高层策动，在一系列的外交活动中，与沿线有关国家的首脑逐渐达成共识。那么试问，这项决策的科学性怎样？是否有充足的预研究、反复的科学论证以及深厚的地域基础？

我国地域发展战略的提出与认定，一般是自下而上与自上而下相结合进行，而且经过了相当充分的研究和证论。例如“中原经济区”战略的成型走了这样一条道路：河南省委、省政府根据中原崛起的需要提出命题；组织省内有关部门与学者集中研究；研究报告报省委常委扩大会议通过；广泛征求省内外、国内外意见；形成正式文件上报国务院；国务院派有关部门到河南考察；国家发展与改革委主持召开晋冀鲁皖豫五省协调会；国务院发布《关于支持河南省加快建设中原经济区的指导意见》；国家发展和改革委员会批复《中原经济区规划（2012—2020）》。而“一带一路”战略由国家主要领导人提出并推动，主要通过外交途径促成。在笔者有限的所知范围内，确实缺乏在国内基层的充足研究和反复论证。我们可从三个方面认识这个问题：

第一，自下而上的模式不适用。“一带一路”战略是牵涉数十个国家和地区的全球战略，不是我们一个国家的事，不可能关起门来先研究出个完整、系统的方案再提出来。其鲜明的国际性，需要沿线各国先取得基本共识，同时需要倡导国先拿出一个基本框架。

第二，“一带一路”战略是我国决策层大智慧的结晶，有雄厚的基础和客观必然性。国家主要领导人对我国国情的透彻了解，他们长期基层工作经验的有效积累，以及在国际格局中谋划国家利益的雄才大略等，是该战略的智慧源泉。我国雄厚的综合国力支撑了“一带一路”，新世纪我国在国际政治经济格局中地位的提升赋予该战略巨大的凝聚力。20 世纪 70 年代以来我国曾实行的“深挖洞、广积粮、不称霸”是韬光养晦的战略，是关起门来办好自家事的战略。“一带一路”与此有本质的区别，崛起的中国大踏步跨进国际事务平台势所必然，宣示我国的全球战略诉求时不我待。

第三，“一带一路”战略本质上是一个意愿战略，不是一个规划战略。意愿战略要有宗旨、有理念，重宏观、重框架，求整体、求大同，制订共同遵守的准则，列示重点设施的布局意向，建立和谐运行的机制。“一带一路”战略，中央先有设想，再与沿线国家沟通求同，再进行顶层设计，再进行区域和部门的谋划，是可行的。《愿景与行动》发布以后，国内各地区和部门有诸多的研究和论证课题，也有明确的行动需求与广阔的融入空间。

（三）“一带一路”的时代内涵

“丝绸之路”是一个历史概念，在此基础上提出的“一带一路”战略可以向世界展示中华文明的魅力，宣示中国走和平发展道路的决心。问：“一带一路”是一个文化符号、外交理念、共建行动还是一项发展战略？“一带一路”战略的提法是否准确，还有没有更好的提法？

丝绸之路最早形成于公元前 2 世纪至公元 1 世纪间西汉一代，直至 16 世纪仍保留使用，历史上是一条东方与西方经济、政治、文化交流的主要通道。丝绸之路作为一个重要的文化符号，象征着中国古代文化的博大恢弘与经济的有序流传。宣传丝绸之路，可以展示中华文明的特殊魅力以及对世界文明的卓越贡献。例如，1979 年，以敦煌莫高窟壁画为载体编排的大型史诗舞剧《丝路花雨》，曾在世界引起轰动。

“一带一路”战略蕴含着的外交理念，是新中国成立后奉行的“和平共处五项原则”的延展和深化。1953 年年底，时任中国总理周恩来在接见印度代表团时第一次提出了和平共处五项原则，后由中国、印度和缅甸政府共同倡导。“互相尊重主权和领土完整、互不侵犯、互不干涉内政、平等互利、和平共处”这五项原则是中国奉行独立自主和平外交政策的基础和完整体现，被世界上绝大多数国家接受，成为规范国际关系的重要准则。五项原则是建立各国间正常关系、进行交流合作时应遵循的基本原则，也是我国政府一直奉行的国家外交理念。2014 年 6 月，在北京召开了中、印、缅三国主要领导人参加的“和平共处五项原则发表 60 周年纪念大会”。

“一带一路”战略更是一项共建行动。在全球和平发展的大格局与错综复杂矛盾重重的小格局并存的状态下，该战略秉持“和平合作、开放包容、互学互鉴、互利共赢”的丝绸之路精神，吸引沿线国家和地区共建美好家园，开展更大范围、更高水平、更深层次的区域合作，共同打造开放、包容、均衡、普惠的区域合作架构。

“一带一路”确实是一项宏大的战略。战略（Strategy）一词的原意带有浓厚的军事色彩，今之所谓“战略”，是“重大的，带有决策性、全局性的谋划”。为了避免不必要的误解，我国最后使用的官方用语是“共建的愿景与行动”。

“一带一路”战略的核心关键词是“互联互通”，战略重点是“政策沟通、设施联通、贸易畅通、资金融通、民心相通”，通过《愿景与行动》这个载体把和平发展的正能量渗透到全亚洲，传达到全世界。本书作者认为，“一带一路战略：与沿线国家共建丝绸之路经济带和 21 世纪海上丝绸之路”的提法，有商榷的余地。“一带一路”的概括不够全面；“丝绸之路经济带”也是 21 世纪的新概念；“21 世纪海上丝绸之路”也是一条经济带。按照上述解释，这一战略可以概括为：“丝路经济带战略：与沿线国家共建21世纪陆上与海上丝绸之路经济带”。

（四）“一带一路”之国家影响

改革开放以后，我国发展的地域版图基本上是“东中西三大地带加一个东北区”（简称“三带一区”），空间发展的节律基本上是“梯度推进”。那么，一带一路战略的确立会对此格局产生什么影响？

“地带性”之说有悠久的历史基础和坚实的地域基础。随着梯度开发理论的引入和发展，我国把全域划分为东中西三大地带加东北区，成为政府组织国民经济活动的重要地域依托。据此，我国执行了一条“优先发展东部沿海地区，西部大开发，东北老工业基地振兴，中部地区崛起”的梯度开发战略，取得了显著成绩，并在国家层面上形成了“三带一区”的地域发展格局。

“一带一路”战略是一项持续前行的国际行动与全球合作，在可以预见的未来只会越走越宽阔，必然会对世界事物以及不同尺度的地区事物产生重大、深远影响。由于中国是倡导者、组织者以及起讫点国家，该战略的确立必然会对我国改革开放后三十多年的地域发展格局——“三带一区”格局，产生重大、深远影响。

其一，“一带一路”战略打破了原有的国土空间框架束缚。“三带一区”格局是一直固守的我国国土内的空间框架。20世纪80年代启动的优先发展东部沿海地区战略，惠及京、津、冀、沪、苏、浙、鲁、闽、粤、桂、琼等省（区、市）；90年代末、2000年代初启动的西部大开发战略，牵动川、渝、黔、滇、陕、甘、宁、内蒙古、青、藏、新等省（区、市），2000年代中期启动的东北老工业基地振兴战略，涵盖黑、吉、辽等省；后来启动的中部地区崛起战略，涉及剩余的晋、豫、鄂、湘、皖、赣等省。这些战略尽管不同程度地强调面向世界，但其实务局限于国内，仍属于“办好自家事”的战略。“一带一路”战略则截然不同，其视野、立意、宗旨、框架乃至战略重点、地域组织等完全国际化，超越了国土局限，打破了空间藩篱，较之“三带一区”战略是一个质的飞跃。

其二，“一带一路”战略打破了空间组织格局。“三带一区”格局是一种“单向扩展、双向组织”的空间整合模式。东中西三大地带的梯度开发，走的是自东向西的单向扩展路线；带、区内部的空间组织，基本按照自北向南和自南向北的双向展开。平心而论，扩展与组织的时间节律快了一些，空间节奏紧了一些，扩展秩序也因西部开发早于中部崛起而引起一些混乱。但是，向西、向中的两次扩展“起于西部和中部的发展内源、盛于东部沿海发展能量的西进”的基本态势非常显著。“一带一路”战略，由于其多国多边性，无论是陆上还是海上，都是以东西双向为主、南北双向为辅的双向扩展，而局部地段的空间组织将呈现明显的方向，即“双向扩展、多向组织”。显然，这种空间整合的效应必然是多边多赢、全线开花。

其三，“一带一路”战略打破了城市－区域竞合的空间相互作用架构。近年来，我国各地区增长与发展的欲望越来越强烈，“以我为中心”的内聚外联式的区域竞合成为普遍现象。尤其进入2000年以后，这种状况导致各地区纷纷研究、制订本地域的宏观发展战略，而且都会热切希望得到中央的认可而上升为“国家战略”。于是乎，各种名目的经济区、城市群、实验区等“地域综合体”井喷式涌现，很快就覆盖了除条件极端恶劣的地区以外的中国全域。这些地域综合体无一例外走的都是“以我为中心”、向周边极力扩张的发展路子，空间相互作用的多核心化造就了一批独立的“山头”，中国好像回到了春秋战国时代。“一带一路”战略旨在打造国内跨地域、全球跨国界的“共同体”，沿线的地域综合体在该共同体内的存在既有个性更有共性，地域间的竞合关系会在大震荡中重新组合，各地域单元在有限空间内无规则的“布朗运动”有望变为在广阔空间内有规律的“谐振运动”。

如果以上的改变能够实现，影响我国地域发展格局的机制将发生重大变化：首先，“一带一路”的东西走向与“三带一区”的南北走向叠加、交织而成的网络将引导国家内聚；其次，该网络覆盖中国全域并在东西南北方向与陆上海上有重点、有选择地进行国际外联。这样，中国未来又一个三十年或更长时期的发展将在“网络式内聚外联格局”中波澜壮阔地展开。

（五）“一带一路”之国际影响

“一带一路”战略是一项国际战略或曰超级国家战略，蕴含着今日中国的底气、神气、大气与人气，让世界感受到了崛起大国力量外溢的巨大冲击力。问：这样，会不会给所谓的“中国威胁论”提供新的口实？

近些年，随着综合国力的大幅度提高，我国在世界事务中发挥的政治、经济、文化的重大影响引起各国关注。许多友好国家为中国的大国崛起由衷地高兴，但在一些国家，所谓中国威胁论时有所闻。

“一带一路”战略的冲击波肯定会激起中国威胁论的再次泛起。因为，该战略的巨大的气场融会贯通了“四气”：

一曰底气，强盛起来的中国构建全球化谋略，底气充盈；

二曰神气，不再韬光养晦的中国纵横世界民族之林，神气飞扬；

三曰大气，开放包容的中国壁立千仞、海纳百川，大气氤氲；

四曰人气，广交朋友的中国拥有强劲的国际号召力，人气葳蕤！

这肯定会使一些国家不舒服，如芒刺背。

问题的关键在于：如果“一带一路”战略的效果是互联互通、多边共赢，何来中国威胁？如果效果是压抑、排挤甚至剥夺了其他国家和地区的发展，那就无话可说。

《愿景与行动》明确指出：“一带一路”战略坚持和谐包容原则，倡导文明宽容，尊重各国发展道路和模式的选择，加强不同文明之间的对话，求同存异、兼容并蓄、和平共处、共生共荣——何来中国威胁？

“中国威胁论”的根子在于某些对中国崛起一直心怀叵测的外国政治家。西方一些政客认为，中国已成为欧美发达国家最主要的竞争对手，中国的崛起对美国全球霸主的地位构成了威胁。

奥巴马最近公开点名攻击中国在世界事物中“秀大国肌肉”，欺负弱小。我国周边的一些国家领导人，始终不能摆脱中国威胁的惯性思维，总是把中国摆在其扩张野心的现实或潜在对立面的位置。

2015年4月下旬访美的安倍晋三竭力鼓动美日军事联盟，以联手遏制中国在亚太地区的影响……

树欲静而风不止，这种状况不以我们的意志为转移。在国家层面上，如何通过外交等途径与世界各国取得互信、消除疑虑，权且不论。如何坚持开放合作、和谐包容、市场运作、互利共赢的共建原则，如何忠实履行《愿景与行动》的庄严承诺，应是我们参与共建一带一路战略的“新常态”。

（六）“一带一路”之地域组织

“一带一路”战略打造的“共同体”，也是“地域共同体”。中国虽然是首倡者并必将发挥重大牵引、推动和协调作用，但也是与他国平等的一个成员。国家整体参与共建不言而喻，而我国各地域激发的参与能量不可低估。问：我国改革开放以来形成的跨区域级、省（区、市）域级的地域发展战略如何融入一带一路战略？

“一带一路”战略刚一推出，立刻在国内引起巨大反响，各界都意识到了这一难得的超级国家战略中的发展机遇。“一带一路”的地域范围如何，国内各地区与该战略的关系如何，成了各界热切关注的议题。

各种观点和路线图纷纷出笼，有的甚至对丝绸之路经济带的起点在哪里也展开了热烈论争，许多省区都在谋划如何在“一带一路”战略中有所表现。

按照逻辑思维，各界尤其是学界会对一项地域发展战略所涵盖的地域范围予以密切关注，这很正常。但是对于跨地界、跨国界的巨型战略，模糊的地域范围界定也完全必要。

《愿景与行动》指出：“一带一路”贯穿亚欧非大陆，一头是活跃的东亚经济圈，一头是发达的欧洲经济圈，中间广大腹地国家经济发展潜力巨大。丝绸之路经济带重点畅通中国经中亚、俄罗斯至欧洲（波罗的海）；中国经中亚、西亚至波斯湾、地中海；中国至东南亚、南亚、印度洋。21世纪海上丝绸之路重点方向是从中国沿海港口过南海到印度洋，延伸至欧洲；从中国沿海港口过南海到南太平洋。

这显然是一个笼统模糊的地域范围界定，但又相当准确地设计了“一带一路”互联互通的路线。

另外，《愿景与行动》本着坚持开放合作的原则，特别指出：“一带一路”相关的国家基于但不限于古代丝绸之路的范围，各国和国际、地区组织均可参与，让共建成果惠及更广泛的区域。这就再明白不过地表明，我国各地域均可在国家框架内参与，讨论甚至争论某特定区域是否位列其中或者起点在哪个城市，即便有一定的学术意义也不会有太多的实务价值。

重要的问题是各地域如何融入“一带一路”战略。这里的“融入”一词有特别的含义：继续执行各地域原有的发展战略，以明确定位、适当调整、有机融汇、促成谐振的方式参与共建。关键是“行动”，而不是再煞费苦心地另搞全方位的战略规划。

我国国家层面的着眼点是：充分发挥国内各地区比较优势，实行更加积极主动的开放战略，加强东中西互动合作，全面提升开放型经济水平。

《愿景与行动》在“中国各地方开放态势”的条目下，专门指明了涵盖全域的五大片区（西北地区、东北地区，西南地区，沿海和港澳台地区，内陆地区）在“一带一路”中的战略地位。

二、中原经济区建设与“一带一路”

河南各界对一带一路战略十分关注，例如关于丝绸之路经济带的起点问题。

洛阳与西安两地数十年间关于丝绸之路起点的争论就没有停过；河南省委主要领导曾表示，虽然中国古代丝绸之路的起点位于西安和洛阳，但新丝绸之路经济带的起点，放在郑州最为合适；河南某学者认为，丝绸之路经济带的东部起点并能产生重要作用的城市依次为连云港、郑州、乌鲁木齐、西安、徐州、兰州和西宁。

据微信朋友圈披露，前不久，一篇流传于各大网络论坛的文章称：“河南被尊为中国人的‘老家’，但事实上，在经济大战略及相关资源的全国配置中，河南长期归属洼地之列。当下，‘一带一路’堪称‘最热词’，但是在国家级的官方陈述中，这个超级国家战略似乎跟河南没有直接联系。”

2015年4月17日，河南省某官方部门负责人明确对媒体表示：网上流传的文章不仅内容严重失实，也误导了众多阅读和转发的网友。随之，表达了以河南为主体的中原经济区建设融入“一带一路”战略的强烈愿望。

看到这些，不禁令人哑然。其实大可不必刻意地把哪个地区剔除出去，事实上也办不到；官方部门也大可不必发布严正声明，以个人名义并以同样方式在网上直抒己见即可。重要的是以河南为主体的中原经济区如何融入“一带一路”战略。

2014年12月25日，中共河南省委九届八次会议通过了《河南省全面建成小康社会加快现代化建设战略纲要》，该纲要在“战略举措”条目中的第一条即为“全面融入国家‘一带一路’战略”。从中可以看出，融入的基本路子是：通过建设国际陆港，发展铁海联运、推动陆海相通，实现向东与海上丝绸之路连接；通过提升郑欧班列运营水平，实现向西与丝绸之路经济带贯通；通过提升郑州、洛阳等主要节点城市的辐射带动能力，建设内陆开放型经济高地；最终形成东联西进、营建枢纽、融通全球的战略格局。

本书给“一带一路”的中原经济区建设开列如下“清单”：①在“一带一路”框架下，实施粮食生产核心区、中原经济区、郑州航空港经济综合实验区等三大国家战略；②以更开阔的视野，完善提升科学发展载体，构建现代产业体系、现代城乡体系、现代创新体系与现代市场体系；③建设中原城市群核心增长板块，强化其开放合作的综合实力；④组建大郑州都市地区，营造内陆开放型经济高地；⑤在合适位置建设国际陆港，组织与沿海港口的铁海、路海、空海联运；⑥以郑欧班列为主干，打通东、西方向通道；⑦提升主要节点城市的辐射带动能力，推进省域的就近城镇化；⑧利用信息网络的区位优势，开展跨境电子商务服务。

三、小结

“一带一路”战略背景下，中原经济区建设迎来历史性的机遇。《推动共建丝绸之路经济带和21世纪海上丝绸之路的愿景与行动》为河南融入“一带一路”指明了方向：发挥郑州在陇海产业轴带的重要节点位置，发挥郑欧班列在物流通道上的集散、周转优势，推动中原经济区“米字形”高铁建设，实现“陆路”融入“一带一路”；深入推进郑州航空港经济综合实验区建设，完善航空货运网络，推动物流、投资、贸易、监管便利化，建设陆空高效衔接的国际物流中心，实现“空路”融入“一带一路”；通过中原经济区增长核心板块建设，加强与珠三角、长三角的经济联系，通过陆港与海港的联动，实现“海路”融入“一带一路”。在“陆路、空路、海路”全面融入“一带一路”的建设背景下，中原经济区建设必将上升到一个新的战略高度。

第十一章

中原经济区建设之“一个载体、四个体系”建设

“一个载体”就是科学发展载体，包括产业集聚区、商务中心区和特色商业区（街)、城乡一体化示范区；“四个体系”就是现代产业体系、现代城乡体系、自主创新体系、现代市场体系。“一个载体、四个体系”是河南省实现“四个河南”建设目标的重要支撑，也是推动中原经济区“提质发展、转型发展、创新发展”的重要保障。本章在解读“一个载体、四个体系”建设的同时，围绕中原经济区建设的战略目标，提出河南省推进载体平台建设、四大体系建设的战略重点，以期从深层次透视中原经济区建设的战略支撑。

一、科学发展载体

（一）产业集聚区建设

产业集聚区是以若干特色主导产业为支撑，产业集聚特征明显，产业和城市融合发展，产业结构合理，吸纳就业充分，以经济功能为主的功能区。产业集聚区是促进“三化”协调发展、构建“四大体系”、实现科学发展的有效载体和重要依托，是落实科学发展观的实现途径，是转变发展方式的战略突破口。同时，加快集聚区规划建设是创新体制机制、培育区域竞争新优势的客观需要，是贯彻落实国家促进中部地区崛起等相关政策措施和实现跨越、促进崛起的关键举措。

河南省自2010年下发《河南省人民政府关于进一步促进产业集聚区发展的指导意见》以来，产业集聚区发展迅速，建设稳步开展。截至目前，河南省内已在18个省辖市建立了180多个产业集聚区。产业集聚区建设已经成为区域经济发展的第一引擎，区域工业发展的核心支撑，释放内需潜力的主要阵地，传统农区赶超的主要动力。在近五年的发展建设中，河南省产业集聚区培育了装备制造、农副产品加工、食品加工、纺织服装、化工、有色、生物医药、新材料、物流商贸、汽车及汽车零部件、轻工、电子信息、新能源、建材、钢铁十五大类产业集聚区。产业数量上，其中，拥有两大主导产业的集聚区最为主流，共有150个，占到河南省产业集聚区总量的83.5%。截至2014年9月底，河南省产业集聚区建成区面积达到1819.36平方公里。与此同时，集聚区规模竞争力显著提升，全省产业集聚区主营业务收入超过100亿元的产业集群达到123个，其中郑州电子信息、洛阳装备制造、漯河食品3个产业集群主营业务收入均超过1000亿元。

在新的经济环境下，河南产业集聚区发展也面临一些挑战，如主导产业同质性较强，局部有恶性竞争现象；产业链接度偏低，还未形成很好的现代产业分工合作网络；自主创新能力弱，延续较多的还是传统的产业发展模式；土地利用效率不高，集约节约发展水平仍然偏低等问题。面对这些问题和挑战，要抓住机遇深化改革，为将来的发展打好基础。当前，产业融合发展新趋势推动制造业重构步伐加快。新一轮科技革命正在深刻影响全球产业模式，产业融合发展已经成为产业经济发展的主流趋势。可以大力发展人工智能、数字制造、工业机器人等高新领域，争取使河南产业集聚区打破原有全球价值链低端锁定、重塑现代产业体系、融入世界高端产业链。通过“一带一路”等国家战略，结合国内区域发展的新契机，加快自身机制改革，促进产业转型升级，扩大海内外市场，在与周边地区的竞争中取得先机。

要积极培育龙型产业集群。积极培育“龙头企业带动效应明显、中小企业配套齐全、产业链环节完整”的龙型产业集群，强化产业链式、配套、融合发展能力。要推动共性技术平台和高新技术产业化服务平台建设，加强企业技术中心、技术转移中心等技术创新载体建设。要加快创建一批先进制造产业集聚区和国家级特色产业基地。围绕在全国具有比较优势的先进制造业领域，超前谋划，打造一批高端产业集群，抢占新一轮制造业发展高点。放眼未来，产业集聚区对区域发展的支撑引领和驱动能力将进一步增强，在提升河南乃至中原经济区经济增长质量和效益方面将发挥更加突出的作用。

（二）商务中心区建设

商务中心区建设是河南省委、省政府为加快我省现代服务业发展、继推进产业集聚区建设后作出的一项重大决策部署；是“完善一个载体、构建四个体系、夯实五大基础、强化六个保障”总方略的有机组成部分，是建设高成长服务业大省的重要载体和抓手。把省辖市商务中心区作为城市新区建设的率先启动区和优先发展区加快推进，着力引导金融、管理咨询、中介服务等商务服务业集聚发展，促进区域内企业总部集中布局。引导县（市）结合新城建设和旧城改造，尽快形成与特色主导产业相配套、专业服务突出的商务中心区，在完善提升商贸功能的同时，逐步强化专业商务功能。要把中心商务区作为加快服务业发展、提高城区经济、增创发展新优势的重要平台和载体，加快规划编制论证评审，推进招商引资，着力加快城市综合体建设和楼宇经济发展，实施精品创建工程和基础设施配套工程，进一步加大政策扶持力度，创新建设管理体制机制，健全统计考核体系，推动上商务心区。

在商务中心区建设中要抢抓机遇、乘势而为，紧紧围绕规划编制、征迁安置、招商引资、项目建设、基础设施配套等工作重点，大力推进，力争实效。要将商务中心区的发展规划纳入到城市总体规划、土地利用规划中去。在省、市、县三级层次上保证选址符合“三规合一”、功能定位切合实际、产业发展方向合理明晰、开发建设与区域环境统筹协调的基础上，统筹区域内商务中心区的功能定位、特色主导产业发展方向，错位发展，避免同质竞争。

要将商务中心区作为全面推进招商引资的优质平台，充分发挥其招商引资、承接产业转移的作用。加大对世界500强、国内500强服务业企业和知名商业地产商的定向招商力度，招大引强选优，以招商引资带动商务中心区乃至整个区域的快速发展。

要加快推进相关基础设施和公共服务设施建设，实现建设区域主干路网和供电、给排水等主要市政配套设施全覆盖，为项目入驻和人口集聚创造条件。在产业项目建设上，按照“规划预定功能、功能引导项目、项目集聚产业”的路径，结合城市商业布局优化调整，强化项目准入、要素配置、评价考核，推动符合功能定位及产业发展方向的新建项目和商业拆迁项目在“两区”集中布局，并给予优先政策支持。

要结合商务中心区建设加快城市综合体建设和楼宇经济发展。引导有条件的市辖区和人口20万以上县（市）制订实施加快城市综合体建设和楼宇经济发展的具体财税、土地政策和推进工作方案。推动各地积极引进龙头企业，在城市核心区或城市新区均衡布局城市综合体项目，合理确定商业、办公、展览、酒店、文娱、公寓等业态比例和功能组合，科学安排开发节奏。推动各省辖市完善楼宇配套设施，提升物业管理、工商税务等精细化服务水平，重点发展金融、商贸、信息、总部等特色服务楼宇，形成楼宇间和楼宇内有机结合的产业集合和产业链条，打造一批税收超百万元的高品质商务楼宇。

建设过程中还要围绕破解资金、土地、人才瓶颈制约，加快投融资、土地收储、人力资源三大平台建设，不断增强要素集聚能力，保障商务中心区持续快速发展，使其成为地方转型发展的引擎。

（三）特色商业街区建设

特色商业区是和商务中心区一样，建设是河南省委、省政府为加快我省现代服务业发展、继推进产业集聚区建设后作出的一项重大决策部署；是“完善一个载体、构建四个体系、夯实五大基础、强化六个保障”总方略的有机组成部分。尤其是2009年商务部下发的《关于加快我国商业街建设与发展的指导意见》，明确提出提升现有商业街、创建特色商业街”的工作目标，并争取利用2~3年时间，在全国形成定位准确、特色鲜明、消费便捷、服务优秀的商业街网络体系。河南省委、省人民政府于2013、2014年连续印发了《2013年河南省商务中心区和特色商业区建设方案》《2014年河南省加快商务中心区和特色商业区建设专项工作方案》。

建设特色商业街区要充分挖掘历史文化、地域文化、休闲旅游及特色产业等优势，高水平搞好规划，高标准招商引资，高起点建设运营，努力打造精品。

商贸型商业街区，重点推动商业商贸基础较好的县（市、区）的商贸街区建设，加快城市综合体建设，突出空间利用立体化、经营业态多样化、店铺商品品牌化，加快业态、品牌集聚，完善购物、餐饮、休闲、娱乐、体验等综合服务功能，打造一批风格鲜明、设施完备、管理规范、拉动消费能力强的特色商业街（区）。

文化旅游型商业街区，重点推动文化旅游资源丰富的县（市、区），从格调品位、建筑风格、生态景观、休闲体验等多角度突出魅力特色和文化内涵，努力打造全国知名的文化旅游商业区。

专业市场型商业街区，重点推动一批具有特色商贸优势的县（市、区）改造提升市场业态，沿产业链双向拓展交易范围，创新交易方式，扩大辐射范围，带动物流、金融、研发设计等产业集聚发展。

要保证规划的衔接到位，做到特色商业街区从城市总体规划到详细规划的统筹编制。因地制宜，准确定位，突出差异化和特色化发展，在资源发掘、建筑风格、品牌集聚、业态提升等方面打造亮点、寻求突破，重点培育一批业态先进、个性鲜明、集聚效应显著、支撑服务作用突出的精品。要充分发掘特色商业街区的地方特色，打造地方特色制造、地方特色文化、地方特色品牌与街区的融合，建设为特色商品购物区，形成为汇集食、住、行、游、购、娱功能的地方特色商业街区。重视地方特色街区的特色建设，尽量让地方特色的商业街区从业态、布局、建筑、装饰、店铺、商品的文化、质量、价格、品牌、服务等处处都有本地文化特色，形成真正的城市文化、商业名片。

（四）城乡一体化示范区建设

城乡一体化示范区是河南省省委、省政府为深入贯彻党的十八大和十八届三中、四中全会精神，批准设立的，以省辖市复合型城市新区为基础，体现城乡一体、产业融合、统筹发展的复合型功能性区域。

实现城乡发展一体化，是党中央从战略全局出发作出的一项重大决策，符合经济社会发展的内在规律，是现代化建设的重要内容和发展方向，也是中原经济区城乡统筹发展的必然途径。示范区是局部区域科学发展、城乡一体，率先实现工业化、信息化、城镇化、农业现代化的综合实验示范样板区。要坚持第一、第二、第三次产业复合和经济、生态、人居功能复合发展理念，把工业和农业、城市和农村作为一个有机统一整体，充分发挥工业和城市对农业和农村的辐射带动作用，以工业化、城镇化带动农业现代化，引领城乡发展一体化，形成以工促农、以城带乡、工农互惠、城乡一体的新型工农城乡关系。

在发展原则上，要坚持局部先行，循序渐进，根据经济社会发展阶段和生产力发展水平，严格控制示范区的数量和范围；要坚持以工促农，以城带乡，把工业化和城镇化作为城乡一体化的前提，优先壮大二三产业集聚规模，既不是单向的城市扶持农村，更不是把城市与农村的发展水平削高填低、简单拉平；要坚持产业为基，就业为本，把产业作为城乡发展一体化的起点和基点，科学有序推进劳动力转移就业；要坚持政策激励，农民自愿，结合实际建立完善相关政策措施，充分尊重农民的自主选择权，保障农民合法权益；要坚持因势而为，适时适度，遵循规律，科学编制规划，不搞超越发展阶段、全面铺开、一次到位式发展。要坚持改革创新，先行先试，把示范区作为省辖市改革创新主平台，理顺管理体制，在合法合规的基础上，对中央有明确要求的、事关全局的根本性改革事项，严格按照中央要求办，决不能抢跑；对职权范围内的、要求积极推进的改革事项，大胆探索，先行先试，勇当全面深化改革领头羊，努力成为河南省、中原经济区乃至中部地区的体制机制创新先行区。

（1）在构建现代城乡体系方面，创新复合型发展模式，完善城乡空间布局，强化产城互动体制机制，促进产业集聚、人口集中、土地集约，引领城乡统筹发展，提升区域服务能力，为区域统筹推进新型城镇化和新农村建设提供示范。

（2）在构建现代产业体系方面，推进创新驱动发展，面向市场需求，调整优化产业结构，促进二三产业集聚化、高端化发展，推动都市生态农业集约化生产、规模化经营，形成有竞争力的产业集群，引领城市产业转型升级，为区域产业转型升级和三次产业协同发展提供示范。

（3）在公共服务均等化方面，统筹城乡基础设施建设和公共服务规划布局，完善农村公共产品和服务供给制度，缩小城乡差距，促进社会和谐，为区域推进城乡公共资源均衡配置和促进公共服务体系覆盖城乡全体居民提供示范。

（4）在生态文明建设方面，建立工业化、城镇化重点开发地区生态建设与环境保护新模式，注重生态网络构建，完善长效管理机制，形成绿色、低碳、循环的生产生活方式，建设环境优美的宜居区，使居民能够率先达到初步现代化的生活质量和水平，为美丽中原建设提供示范。

（5）在体制机制创新方面，把全面深化改革贯穿于各领域、各环节，突出问题导向，注重整体协同，以改革促开放、促创新、促发展，探索形成城乡一体化改革发展的制度体系，为区域健全城乡发展一体化体制机制和破解城乡二元结构提供示范。

预计到2020年，河南省每个省辖市都将形成一个现代化建设样板区，发挥示范引领作用。示范区城乡发展一体化体制机制将更加完善，各项改革全面深化，形成城乡一体化改革发展的制度体系和新型城镇化科学发展的体制机制，力争城乡一体化达到全国先进水平，成为河南省乃至中原经济区全面建成小康社会和现代化建设的样板区，城乡发展一体化取得决定性成果。

二、四大支撑体系建设

（一）现代产业体系建设

产业发展是建设中原经济区的重要依托。按照“结构优化、技术先进、清洁安全、附加值高、吸纳就业能力强”的要求，推动产业结构优化升级，建设先进产业基地，培育发展战略新兴产业，做强做大战略支撑产业，大力发展战略基础产业，促进产业集聚发展，形成以高新技术产业为引领、先进制造业和现代服务业为主体，现代农业和基础产业为支撑的现代产业体系。

构建现代农业产业体系。加大支农惠农政策的力度，积极发展现代化农业，努力实现用现代物质条件装备农业，用现代科学技术改造农业，用现代经营形式推进农业，用现代经营理念引领农业，培育和发展新型农民，提高农业生产的机械化、集约化、信息化水平，提高资源利用率、土地生产潜力、农业劳动生产率，提供农业的综合效益和整体竞争力。

构建现代工业产业体系。首先，应做大做强高成长性的汽车装备、电子信息、高端制造、食品、轻工、新型材料等产业，改造具有产业优势的传统产业（如化工、钢铁、纺织等产业），加快淘汰落后产能的企业，按照产业集聚区规划建设要求，形成带动能力强的特色产业集群。其次，应积极培育战略性新兴产业，集中优势资源，实施一批科技重大项目，加快产业化生产基地建设，重点推进新材料、新能源、生物医药、航空物流、高端装备等先导产业，大力发展环保节能型产业。最后，应进一步完善高新技术业发展的政策支撑体系，突出企业自身在高新技术业发展中的比较优势，制定高新技术产业的前瞻规划和产业发展路线图，对高新技术业的走势做出预测和导引，在具备一定优势的高新技术产业领域，引导、鼓励成长性好、竞争力强的企业与国内外高端要素进行结合，推动高新技术产业的规模扩张和成果转化。

构建现代服务业产业体系。提高现代服务业的规模化、品牌化、特色化、网络化发展水平，改造并提升商贸、餐饮等传统服务业，加快发展现代航空物流业、金融保险产业等生产性服务业，积极发展信息服务、咨询服务、科技服务、服务外包、会展服务等新型业态，大力拓展生活性服务业领域。

（二）现代城乡体系建设

中原经济区建设的战略定位之一，是成为全国“三化”协调发展示范区。在工业化、城镇化和农业现代化协调发展的进程中，新型城镇化起着引领带动作用。构建统筹城乡的新型城镇化支撑体系，以城市群为主体形态，建立全国区域中心城市、省域中心城市、县城、中心镇与农村新型社区协调发展的五级城乡体系，走出一条全面开放、城乡统筹、经济高效、资源节约、环境友好、社会和谐的新型城镇化道路，是中原经济区建设的一项重大战略。

第一，在城镇化进程中实施集约经营。城镇化通过人口的集聚带动其他要素的集聚，产生一种结构性优化和功能性提高的综合效应。新型城镇化不但要集聚人口、资源等发展要素，还要集聚人才、科技等创新要素；不但要集聚各类要素，还要节约、高效使用各种资源；不但要加快城镇自身的发展方式转型，还要为全社会转变发展方式积极创造条件。在当前我国城镇发展面临人口、资源、经济、环境等多头矛盾的状况下，建设资源节约型城镇、实施集约经营是新型城镇化的必然选择。中原经济区实施集约经营，必须：①保护基本农田，谨慎扩张并高效使用城镇建设用地，发展紧凑型城镇，切实保护和节约利用能源、水资源等，提高资源的综合利用效率；②发展循环经济，重点发展高新技术产业和高附加值的先进制造业，加快发展现代服务业，使城镇化主要依靠工业带动转向工业、信息产业和服务业协同带动；③集聚创新要素，激活创新资源，转化创新成果，提高自主创新能力；④发挥城镇之间的规模集聚与功能协同效应，进一步推动中原城市群和郑汴都市区建设。

第二，在城镇化进程中营造优良环境。新型城镇化要求“友好”对待环境，保持“发展”的城镇系统与“稳定”的环境系统之间的动态平衡，建设环境友好型城镇，实现人与环境的和谐共处。一方面，在城镇规划与设计中，要充分考虑城镇生态环境的承载能力，协调城镇与区域之间的环境依存关系，确保城镇发展的生态屏障安全；另一方面，在城镇建设与管理中，要树立环境优先的理念，创造良好的发展环境，提升城镇生产、生活品质。中原经济区营造优良城镇环境，须做到：①加强区域环境基础设施建设，综合整治流域生态环境，增强自然生态系统的环境承载力；②建立健全城镇生态平衡体系，理顺城镇生态系统物质流与能量流，建设生态城市；③优化城镇开放空间系统，充分发挥绿地系统、水体系统以及道路、广场系统在营造优良环境中的巨大作用；④坚持对建设项目的环境影响评价，监控城镇污染源，控制污染排放，综合治理各类污染，改善城市的环境质量；⑤推广生态园区、生态工程、生态企业和生态建筑，提倡绿色低碳生产、生活和消费方式，建设一个生产发展、生活富裕、生态优美的良好人居环境。

第三，在城镇化进程中追求功能优化。完善的城镇功能是提升城镇综合竞争力的重要基础，也是城镇现代化的重要标志。新型城镇化要求，既要不断完善城镇的基本功能，又要进一步强化城镇特色、突出城镇的主导功能。同时，通过规范、高效的管理，确保城镇功能在运行中实现全面提升。中原经济区的城镇功能优化，必须：①强化规划手段，明确城镇发展方向和空间扩展方式，设计城镇空间布局结构，优化土地利用配置；②建设完善的城镇交通通信、供水供能、排污减污等市政基础设施以及城镇防洪、防震等防灾减灾设施，保持较高的城镇基础设施综合配套水平；③重视历史文化名城（镇）保护，延续城镇历史文脉，挖掘城镇文化内涵，提炼城镇现代精神，彰显城镇鲜明个性；④创新管理体制和手段，运用现代信息技术，促进城镇管理的精细化、科学化、智能化，提高城镇的日常管理和应急管理水平。

第四，在城镇化进程中促进城乡统筹。城镇化是“乡村”一级到“城镇”一级的社会变迁过程，城镇和乡村作为不同的空间地域实体，二者相互依存、密不可分。新型城镇化要求从城乡二元分割的现实出发，从统筹城乡发展的高度着眼，通过转变发展方式，构建城乡互动、协调发展的机制，促进城镇化和新农村建设的有机联动。尤其要充分发挥城镇的带动作用，城镇支持乡村，工业反哺农业，促进农业增效、农民增收，缩小城乡差别。中原经济区促进城乡统筹，要求：①充分发挥各级城镇的中心带动作用，促进城镇传统产业、基础设施、公共服务、现代文明向乡村扩散；②村镇体系规划与城镇体系规划密切结合，构建城乡一体化网络；③加强乡村水利、交通、环保等基础设施建设，推动乡村文化、教育、科技推广等事业的蓬勃发展；④培育县城、建制镇的农产品深加工与其他非农产业，适当扩大其人口规模，增强新型城镇化的本土转化能力；⑤继续强力推进社会主义新农村建设，鼓励农业剩余劳动力在有条件的新型农村社区就地转化。

第五，在城镇化进程中构建社会和谐。新型城镇化首先是人的城镇化。在构建社会主义和谐社会的时代背景下，新型城镇化要求人口在实现从乡村到城镇空间转移的同时，真正实现从农民到市民的全面转化。生活在城镇的每一个人的基本生存条件都应该得到满足，基本发展条件都应该得到保证，大家共同创造和平等分享新型城镇化的发展成果，最终实现人在城镇的全面发展。中原经济区构建社会和谐，必须：①改革城乡管理体制，尤其是改革户籍制度，有序推进农村人口的转移转化，稳步提高城镇化率；②坚持以人为本，倡导和谐理念，切实保护城镇化进程中失地农民的合法利益，维护进城农民工的各种正当权益；③实施积极的就业政策，改善城镇的创业和就业环境，努力提高全社会的就业水平；④大力发展文化教育、医疗卫生、社会保障等社会事业，建立惠及全民的基本公共服务体系，优化公共资源配置，促进基本公共服务均等化；⑤综合治理社会治安，依法打击各种违法犯罪活动，维护社会公共安全，营造和谐的社会环境；⑥加快城中村、危旧房改造，合理开发、建设城镇边缘区，提高城镇的宜居水平。

（三）自主创新体系建设

创新是建设中原经济区的有效支撑。牢固树立科学技术是第一生产力的理念，充分利用资源、区位条件和产业基础，丰富主体，完善平台，营造环境，加强合作，构建要素完备、配置高效、支撑有力的区域自主创新体系，增强原始创新、集成创新和引进消化吸收再创新能力，建设全国重要的创新区域，推动区域发展由要素驱动向创新驱动转变。

第一，培育壮大自主创新主体。强化企业在技术创新体系中的主体地位和关键作用，鼓励和支持企业加大研发投入，引导社会资源和创新要素向企业流动。加快培育一批拥有自主知识产权和持续创新能力的创新型企业，示范引导广大企业走创新驱动型发展道路。充分发挥科研机构引领作用，深化科研机构改革，推动建立现代科研院所制度。强化高等院校创新生力军，推进建设研究型或教学—研究型大学。

第二，丰富发展自主创新载体。以骨干企业为重点，加快建设一批高水平的企业科研中心。依托重点高等院校、科研机构和有条件的企事业单位，建立一批国家和省级实验室、工程实验室、工程（技术）研究中心、高校重点实验室、企业技术中心等创新平台。培育一批创新型产业集聚区，推动高新技术产业开发区建设区域创新基地、军民结合产业基地和高新技术产业集群化发展基地的建设。以整合、共享、提高为重点，完善公共创新平台，积极发展技术创新基地及其他各类有效创新载体。

第三，优化自主创新能力。加大财政对共性技术研发、引进技术消化吸收在创新、初创型科技中小企业的支持力度，完善创业投资的渠道，收益保障和风险承担机制，加快发展创业风险投资，建立以政府投入为引导，企业、社会投入为主体的市场化科技创新投融资体系。积极发展科技保险，建立科技创新风险转移机制。实施商标战略，推进品牌创新，培养享誉国内外的、有自主知识产权的河南品牌。大力发展各类科技中介服务家机构，创新管理模式和运营机制，推动科技中介资源化和推广应用，推进专业性和面向区域产业技术创新的服务体系建设。强化创新型人才的政策协调和制度衔接，拓宽高等院校、科研机构与企业之间创新型人才流动渠道，构建创新型人才社会化服务平台。

第四，加强产业关键技术创新。整合集成创新资源，实施重大科技专项，重点开展低碳技术、生物育种、生物医药、光伏发电、新型电源、超硬材料、信息安全、新能源汽车、物联网、环保与资源综合利用等关键领域的自主创新，攻克一批产业重大关键核心技术，促进产业转型升级。实施产业前沿技术重大攻关计划，开展关键领域联合科技攻关，支持产学研合作和区域联合承担国家重大科技专项。

第五，推动创新合作与开放。加强科研与高等专科教育的有机结合，促进开放型创新合作，支持以重点企业为主体、联合高等院校和科研机构建立产业技术创新联盟，开展技术合作和联合攻关。加强与沿海发达地区及国内外创新要素的对接和合作，促进形成资源共享、高效配置、联动创新的格局。积极推进国际产学研合作，吸引和集聚国外先进技术和人才等创新要素，推动本土企业研发国际化和外资企业研发本土化。

（四）现代市场体系建设

2014 年 6 月，河南省委书记郭庚茂在全省市厅级主要领导干部研讨班上，首次将加快构建现代市场体系，与产业集聚区等科学发展载体、现代产业体系、现代城乡体系、自主创新体系并列一起，形成了“一个载体、四个体系”的发展战略。郭庚茂并强调，我们要把现代市场体系建设摆在事关全局的战略位置，加快形成特色突出、布局合理，多层多元、有机衔接，功能完善、覆盖广泛，与产业发展和城市建设相适应的现代市场体系，把我省打造成中西部乃至全国重要的商品和要素集疏中心。在今后的中原经济区现代市场体系建设中，要努力做好以下六个方面：

第一，加强现代商品市场建设。积极完善布局、优化结构、强化功能，放大传统商品市场优势，以市场引导产业集聚升级、以产业促进市场扩量提质。做优做强规模市场。重点推进中原经济区具有比较优势的食品、服装、电子、建材、汽车、文化旅游等专业市场建设，通过改造升级、拓展功能、完善管理、塑造品牌，增强影响力，发挥辐射带动作用。完善市场服务功能。拓展市场仓储物流、检验检测、保税加工、会展、融资、信息等增值服务功能，推动市场建设标准化、交易方式现代化、运营管理专业化。创新市场发展模式。鼓励各类市场借助现代信息技术和电子商务模式改造提升，加快发展电子商务、连锁经营、期货交易等新型业态，促进传统商品市场向现代市场体系转变。

第二，建立健全各类要素市场。首先，健全完善金融市场体系。壮大金融机构主体，积极推进以中原银行为龙头的地方金融机构、以中原农业保险公司为代表的地方保险法人机构发展，规范发展民营金融机构，提高参与全国金融市场能力；以推进多层次资本市场体系建设为重点，推动企业在境内外上市和再融资，不断提高经济证券化水平；着力建设郑东新区金融集聚核心功能区，引进金融机构总部或区域性管理总部、功能中心、后台服务机构，支持郑州商品交易所丰富品种、拓展领域，努力把郑州打造成全国区域性金融中心。其次，建立健全产权交易市场。加快组建区域股权交易市场，探索整合国有产权、非上市公司股权托管、金融资产、技术产权、文化产品、排放权、水权、农村综合产权等专业交易平台，为各类产权股权交易提供综合性、便利化、一条龙配套服务。再次，着力推进土地市场改革发展。以建立城乡统一的建设用地市场为重点，努力打破城乡壁垒和行政壁垒，实行全省土地市场联网，促进与国内市场互联互通，建立公开、公平、公正、开放的土地交易市场；探索城市建设用地租让结合、征转分离、分阶段出让等灵活多样的用地供应方式，建立“亩产效益”综合评价机制。继续推进城乡建设用地增减挂钩、人地挂钩等政策试点。探索农民土地承包经营权流转、农村宅基地退出保障机制。最后，大力推进技术市场建设。健全技术创新市场导向机制，探索建立主要由市场决定技术创新项目和经费分配、评价成果的机制，推进企业、高校和科研机构在创新链、产业链等方面有机融合，支持共建产学研联合体。推进国家级技术交易中心建设，建设运营好国家技术转移郑州中心，建立多层次技术交易平台，不断促进科技成果资本化、产业化。

第三，着力培育发展新兴交易市场。要以建设中西部区域性电子商务中心为目标，做大做强新兴商品和要素交易市场，形成河南新的市场制高点和经济增长点。加快构建电子商务体系。培育壮大电子商务市场主体，加强与境内外知名电商、网商、物流商战略合作，重点支持一批本土电子商务企业做大做强。完善电子商务交易平台，建设具有交易、物流、支付、信息、信用等综合服务功能的骨干电商平台，形成一批具有影响力的平台型交易中心和市场。大力发展新兴商品交易市场。引导市场主体广泛应用面向企业（B2B）、面向消费者（B2C、C2C）、线上线下（O2O）的电子商务，引入供应链管理理念，创新盈利模式。借鉴浙江“电商换市”经验，出台支持政策，大力推进豫货销售电商化、居民消费电商化以及各类服务电商化。积极培育新兴要素交易市场。探索发展网上土地、产权、技术、人力资源等交易市场以及互联网金融，实现线上线下、有形无形市场融合发展，构筑要素市场新优势。

第四，打造国际化市场开放发展先行区。构建现代市场体系必须注重发挥郑州航空港实验区面向国内外市场、参与全球分工的独特优势和引领作用。加快完善以郑州机场为核心的综合交通枢纽建设，推动郑欧班列常态化加密运行，形成陆空多式联运、高效衔接的人流物流商流集疏系统。利用实验区内综合保税区、保税物流中心、出口加工区、铁路集装箱中心站等集中布局，航空、铁路、公路口岸以及跨境贸易等功能完备的集合优势，大力发展电子信息、食品、药品、汽车进口等特色物流，努力打造连通境内外、辐射东中西的丝绸之路经济带物流枢纽。积极推进郑州跨境贸易电子商务服务试点，加快电子口岸和大通关体系建设，探索复制上海自贸区有关政策，在进出口通关、结汇、退税服务等方面先行先试，建设运营好“中”大门等本土跨境电商交易平台，鼓励企业应用跨境贸易电子商务开拓国际市场，形成覆盖全球的出口市场网络和覆盖全国的进口配送网络，努力打造国际网购物品集散分拨中心，实现“买全球、卖全球、关口在郑州”。

第五，加快现代商品市场信息化建设。以信息化统领现代市场体系建设、运营和管理，促进市场现代化。加强信息基础设施建设，大力发展互联网、大数据、物联网、云计算、云平台等信息化基础设施和基础产业，打造全国重要的互联网核心节点、信息网络枢纽和信息集散中心。构建网络交易支撑体系，加快建立完善电子认证服务中心、社会信用服务中心、网上金融支付中心、现代物流配送中心等公共信息平台，实现市场信息资源的广泛覆盖、互联互通和有效利用。加快信息化应用，推动“三网”融合，推进国家电子商务示范城市和智慧城市试点建设，深化企业内部和企业间电子商务应用，全面提升市场体系建设信息化水平。

第六，加强市场秩序的监管。坚持放管结合原则，明确市场监管主体责任，调动市场主体积极性，促进市场有序健康发展。放宽市场准入，进一步简政放权，激发市场活力，推行负面清单市场准入制度改革，建立政府部门行政审批权力清单和责任清单，做到“法无授权不可为”“法无禁止皆可为”和“法定责任必须为”。推进市场监管体系建设，探索整合工商、质监、食药监等部门执法职能，将生产、流通、消费三个环节分段监管改为统一监管，推行综合执法，切实解决权责交叉、多头执法问题。加强社会信用体系建设，建立市场主体信用平台，运用信息公示、信息共享、信用约束和大数据手段，对市场主体信用状况实行分类分级、动态管理，建立黑名单制度，营造诚信自律的社会信用环境。

注：现代市场体系部分内容参考了河南省政府研究室课题组的研究成果，在此表示感谢！

参考文献

[1] 陈隆文. 论中原经济区的范围、定位及作用 [J]. 河南城建学院学报，2012，21（4）：64－70.

[2] 丁志伟. 中原经济区“三化”协调的状态评价与优化组织 [D]. 开封：河南大学博士学位论文，2014.

[3] 丁志伟，张改素，王发曾，等. 国内外“三化”协调研究进展 [J]. 世界地理研究，2015，24（4）：111－121.

[4] 窦颖颖. 中原经济区旅游合作模式与保障机制研究 [D]. 开封：河南大学硕士学位论文，2011.

[5] 方正润（撰）. 诗经原始 [M]. 北京：中华书局，1986.

[6] 广东、广西、湖南、河南辞源修订组，商务印书馆编辑部编. 辞源（修订本）[M]. 北京：商务印书馆，1983.

[7] 国务院. 国务院关于印发全国主体功能区规划的通知（国发〔2010〕46号）[M]. 北京：国务院国发〔2010〕46号文件，2010.

[8] 国务院. 中华人民共和国国民经济和社会发展第十二个五年规划纲要 [N]. 人民日报，2011－3－17（第01版）.

[9] 国务院. 关于支持河南省加快建设中原经济区的指导意见 [N]. 河南日报，2011－10－8（第01版）.

[10] 国家发展和改革委员会. 中原经济区规划（2012—2020）[N]. 河南日报，2012－12－3日（第03版）.

[11] 河南省人民政府中原经济区战略研究组. 中原经济区战略研究报告 [M]. 郑州：中原经济区战略课题组成果文件，2012.

[12] 秦耀辰，苗长虹. 中原经济区科学发展研究 [M]. 北京：科学出版社，2011.

[13] 王发曾. 新型城镇化引领三化协调科学发展 [M]. 北京: 人民出版社, 2012.

[14] 喻新安, 陈明星, 王建国等. 中原经济区研究 [M]. 郑州: 河南人民出版社, 2010.

[15] 喻新安, 顾永东. 中原经济区策论 [M]. 北京: 经济管理出版社, 2011.

[16] 喻新安, 谷建全, 王玲杰. 新型城镇化引领论 [M]. 北京: 人民出版社, 2012.

[17] 赵艳. 中原旅游区旅游资源整合研究 [D]. 开封: 河南大学硕士学位论文, 2011.

[18] 中共河南省委宣传部. 解读中原经济区 [M]. 郑州: 河南人民出版社, 2011.

[19] 中原经济区国土规划编制工作领导小组办公室. 中原经济区国土规划 2011—2030 (河南部分) [M]. 郑州: 中原经济区国土规划编制工作办公室, 2013.

[20]《〈中原经济区建设纲要 (试行)〉解读》编委会. 中原经济区建设纲要 (试行) [M]. 郑州: 河南人民出版社, 2011.

[21] 保山. 中原经济区情况简介 [EB/OL]. http: //zyjjq. hd. gov. cn/gaikuang/zyjjqgk/. 2009 - 9 - 10.

[22] 河南省人民政府办公厅. 河南省人民政府关于印发河南省新型城镇化规划 (2014—2020 年) 的通知 (豫政〔2014〕55 号) [EB/OL]. http: //www. henan. gov. cn/zwgk/system/2014/07/30/010487963. shtml, 2014 - 07 - 03.

[23] 河南省人民政府办公厅. 河南省人民政府办公厅关于推动全省都市生态农业发展的指导意见 [EB/OL]. http: //www. henan. gov. cn/zwgk/system/2014/09/24/010498273. shtml, 2014 - 09 - 05.

[24] 河南日报. 省委省政府出台《关于全面深化农村改革加快推进农业现代化的实施意见》, 我省将持续增强农业农村发展活力 [N]. 河南日报, 2014 - 2 - 18 (第 01 版).

［25］中共中央、国务院. 国家新型城镇化规划（2014—2020）［N］. 人民日报，2014－3－17（第01、09、10、11、12版）.

［26］中原经济区. 中原经济区市长联席会章程［EB/OL］. http：//zyjjq. hd. gov. cn/gaikuang/zyjjqzc/. 2009－9－10

［27］王发曾，张伟. 基于中部地区崛起的城市群整合发展［J］. 人文地理，2009，24（5）：55－60.

［28］王发曾，刘静玉，徐晓霞等. 中原城市群整合研究［M］. 北京：科学出版社，2007.

［29］王发曾. 中原经济区建设：省之大计，国之方略［N］. 河南日报，2012－9－26（第9版）

［30］中共中央、国务院. 关于促进中部地区崛起的若干意见［M］. 中共中央、国务院政府文件（中发〔2006〕10号），2006.

［31］王发曾，闫卫阳，刘静玉. 中原经济区主体区现代城镇体系研究［M］. 北京：科学出版社，2014.

［32］楚向红. 我省粮食生产的现状、存在问题及对策建议［EB/OL］. http：//www. zyjjw. cn/news/ec/sn/2014－04－29/160177. html，2014－4－29.

［33］河南省人民政府办公厅. 河南省人民政府办公厅关于印发河南省“十二五”旅游产业发展规划的通知（豫政办〔2012〕14号）［EB/OL］. http：//www. henan. gov. cn/zwgk/system/2012/02/16/010291177. shtml，2012－02－08.

［34］河南文化网. 河南省文化系统“十二五”时期文化产业发展规划［EB/OL］. http：//www. hawh. cn/zfxxgk/2012－08/26/content_119926. htm，2012－8－26.

［35］河南省人民政府. 河南省人民政府关于印发河南省“十二五”战略性新兴产业发展规划的通知（豫政〔2012〕75号）［EB/OL］. http：//www. henan. gov. cn/zwgk/system/2012/08/28/010329145. shtml，2012－8－17.

［36］河南省人民政府. 河南省人民政府关于加快推进产业结构战略性

调整的指导意见（豫政〔2013〕65 号）［EB/OL］. http：//www. henan. gov. cn/zwgk/system/2014/01/12/010446097. shtml，2013 -12 -10.

［37］王发曾. 科学谋划大郑州地区［N］. 河南日报，2014 -2 -12（第4 版）.

［38］张盟. 中原经济区建设背景下的河南省新型农业现代化研究［D］. 郑州：河南农业大学硕士学位论文，2013.

［39］中原经济区国土规划编制工作领导小组办公室. 中原经济区国土规划 2011—2030（河南部分）专题九：中原经济区（河南部分）耕地保护和粮食生产核心区建设研究［M］. 郑州：中原经济区国土规划编制工作办公室，2013.

［40］中原经济区国土规划编制工作领导小组办公室. 中原经济区国土规划 2011—2030（河南部分）专题八：中原经济区（河南部分）产业发展空间引导和布局优化研究［M］. 郑州：中原经济区国土规划编制工作办公室，2013.

［41］中原经济区国土规划编制工作领导小组办公室. 中原经济区国土规划 2011—2030（河南部分）综合研究报告［M］. 郑州：中原经济区国土规划编制工作办公室，2013.

［42］刘晓丽，方创琳，王发曾. 中原城市群的空间组合特征和整合模式［J］. 地理研究，2008，27（2）：409 -420.

［43］王发曾，张改素，丁志伟，等. 中原经济区城市体系空间组织研究［J］. 地理科学进展，2014，33（2）：153 -168.

［44］王发曾，袁中金，陈太政. 河南省城市体系功能组织研究［J］. 地理学报，1992，47（3）：274 -283.

［45］王发曾. 河南城市整体的发展与布局［M］. 郑州：河南教育出版社，1994.

［46］国务院. 中华人民共和国国民经济和社会发展第十一个五年规划纲要［EB/OL］. http：//www. gov. cn/gongbao/content/2006/content_ 268766. htm，2006 -03 -14.

［47］国务院办公厅. 国务院关于大力实施促进中部地区崛起战略

的若干意见（国发〔2012〕43 号）. ［EB/OL］. http：//www. gov. cn/zwgk/2012 - 08/31/content_ 2214579. htm，2012 - 08 - 31.

［48］国家发展和改革委员会. 促进中部地区崛起规划［EB/OL］. http：//www. china. com. cn/policy/txt/2010 - 01/12/content _ 19218531. htm，2010 - 01 - 12.

［49］河南省发展和改革委员会. 中原城市群总体规划纲要（2006—2020）［M］. 郑州：河南省发展和改革委员会，2006.

［50］河南省发展和改革委员会. 中原城市群总体规划构想［M］. 郑州：河南省发展和改革委员会，2006.

［51］李成玉. 政府工作报告——2004 年 2 月 10 日在河南省第十届人民代表大会第二次会议上［J］. 河南省人民政府公报，2004（3）：3 - 11.

［52］李润田. 河南省城市体系的发展机理与调控方法研究［J］. 国家自然科学基金结项报告，1993.

［53］刘静玉. 当代城镇化背景下的中原城市群经济整合研究［M］. 北京：中国经济出版社，2014.

［54］温家宝. 2004 年国务院政府工作报告——2004 年 3 月 5 日在第十届全国人民代表大会第二次会议上［EB/OL］. http：//www. gov. cn/test/2006 - 02/16/content_ 201193. htm，2006 - 02 - 16.

［55］新华社北京 2004 年 12 月 5 日电. 2004 年中央经济工作会议［EB/OL］. http：//www. 71. cn/2014/1209/791773. shtml，2014 - 12 - 9.

［56］新华网. 中央政治局召开会议研究促进中部地区崛起工作［EB/OL］. http：//news. xinhuanet. com/politics/2006 - 03/27/content_ 4351532. htm，2006 - 03 - 27.

［57］中共河南省委、河南省人民政府（豫发〔2003〕17 号）［EB/OL］. http：//www. chinalawedu. com/falvfagui/fg22016/72231. shtml，2003 - 08 - 15.

［58］中国市长协会《中国城市发展报告》编委会. 中国城市发展战略“白皮书”——《2001—2002 中国城市发展报告》［M］. 北京：

西苑出版社，2003.

［59］曹建海，李海舰. 论新型工业化的道路［J］. 中国工业经济，2003（1）：56－62.

［60］慈福义. 基于循环经济的区域新型工业化产业结构与布局问题探［J］. 特区经济，2006（4）：28－30.

［61］崔向阳. 新型工业化道路内涵探析［J］. 社会科学辑刊，2003（3）：74－78.

［62］郭克莎. 中国工业发展战略及政策的选择［J］. 中国社会科学，2004（1）：30－41.

［63］国家统计局国民经济综合统计司、农村社会经济调查司. 2014年中国区域经济统计年鉴［M］. 北京：中国统计出版社，2015.

［64］河南省统计局、国家统计局河南调查总队. 2014年河南统计年鉴［M］. 北京：中国统计出版社，2015.

［65］洪银兴. 新型工业化道路的经济学分析［J］. 贵州财经学院学报，2003（1）：1－6.

［66］黄范章. 从世界的视野看我国新型工业化道路［J］. 中国工业经济，2003（6）：50－54.

［67］胡锦涛. 高举中国特色社会主义伟大旗帜，为夺取全面建设小康社会新胜利而奋斗——在中国共产党第十七次全国代表大会上的报告［J］. 求是，2007（21）：3－22.

［68］胡锦涛. 坚定不移沿着中国特色社会主义道路前进，为全面建成小康社会而奋斗——在中国共产党第十八次全国代表大会上的报告［N］. 人民日报，2012－11－9（第01版）.

［69］简新华，向琳. 新型工业化道路的特点和优越性［J］. 管理世界，2003（7）：139－149.

［70］江泽民. 全面建设小康社会，开创中国特色社会主义事业新局面——在中国共产党第十六次全国代表大会上的报告（2002年11月8日）［J］. 求是，2002（22）：3－19.

［71］康芸，李晓鸣. 试论农业现代化的内涵和政策选择［J］. 中

国农村经济，2000（9）：9－14.

［72］卢展工．推进“三化”协调发展，持续探索中原经济区科学发展路子［J］．农村·农业·农民，2012（1）：13－15.

［73］吕政．我国新型工业化道路探讨［J］．经济与管理研究，2003（2）：3－6，10.

［74］孟秋菊．现代农业与农业现代化概念辨析［J］．农业现代化研究，2008，29（3）：267－271.

［75］米增渝．信息化与中国农村新型工业化［J］．中国软科学，2012（6）：43－50.

［76］农业部发展计划司．农业部、财政部、银监会关于加强国家现代农业示范区农业改革与建设试点工作的指导意见（农计发〔2013〕18号）［EB/OL］．http：//www．moa．gov．cn/zwllm/tzgg/tz/201308/t20130813_ 3558226．htm，2015－08－31.

［77］庞瑞芝，李鹏．中国新型工业化增长绩效的区域差异及动态演进［J］．经济研究，2011（11）：36－47，59.

［78］任保平．新型工业化：中国经济发展战略的创新［J］．经济学家，2003（3）：4－11.

［79］任保平，洪银兴．新型工业化道路：中国21世纪工业化发展路径的转型［J］．人文杂志，2004（1）：60－66.

［80］王发曾．中原经济区的新型城镇化之路［J］．经济地理，2010，30（12）：1972－1977.

［81］王发曾．中原经济区的“三化”协调发展之路［J］．人文地理，2012，27（3）：55－59.

［82］王发曾．三化协调与四化同步：中原经济区的战略选择［J］．地域研究与开发，2013，32（5）：36－40.

［83］王发曾．中原经济区建设需全方位融入信息化要素［N］．河南日报，2013－5－8（第11版）.

［84］夏兴园，曾芒．论新型工业化道路——工业化、信息化与世界工厂机遇［J］．中南财经政法大学学报，2004（3）：54－58.

[85] 肖石英. 充分发挥人力资源优势实现湘潭新型工业化 [J]. 湘潭师范学院学报（社会科学版），2008，30（1）：42-44.

[86] 宣杏云. 农业社会化服务体系发展的必然趋势 [J]. 世界经济与政治，1991（6）：34-38.

[87] 许学强，周一星，宁越敏. 城市地理学 [M]. 北京：高等教育出版社，2006.

[88] 原丰. 新型农业现代化强基固本 [N]. 河南日报，2011-11-30（第01版）.

[89] 叶裕民，黄壬侠. 中国新型工业化与城市化互动机制研究 [J]. 西南民族大学学报（人文社科版），2004，25（6）：1-10.

[90] 张术环，王环，张慎霞. 农业现代化内涵浅析 [J]. 农业经济，2004（11）：14-15.

[91] 赵景阳，郭艳红，米庆华. 广义农业现代化的内涵与评价研究——以广东省为例 [J]. 农业现代化研究，2007，28（1）：28-31，46.

[92] 郑英隆. 论经济全球化条件下中国新型工业化的特殊性 [J]. 经济评论，2003（4）：46-48.

[93] 朱廷春，王德忠. 政府在推行新型工业化中的作用分析 [J]. 经济学家，2004（2）：117-119.

[94] 国家发展和改革委员会. 郑州航空港经济综合实验区发展规划（2013—2025）[N]. 河南日报，2013-4-8（第03版）.

[95] 国家发展和改革委员会. 关于印发郑州航空港经济综合实验区发展规划（2013—2025）的通知（发改地区〔2013〕481号）[M]. 北京：国家发展和改革委员会地区经济司，2013.

[96] 河南省政府门户网站. 郑州航空港经济综合实验区简介 [EB/OL]. http://www.henan.gov.cn/10ztzl/system/2013/04/03/010381262.shtml，2013-04-03.

[97] 河南省政府门户网站. 国务院给河南送大礼，郑州航空港区建设获批准 [EB/OL]. http://www.henan.gov.cn/10ztzl/system/2013/

04/03/010381262. shtml，2013 - 03 - 11.

［98］国务院批复郑州航空港经济综合实验区发展规划全国首个航空港经济发展先行区正式启航［N］. 河南日报，2013 - 3 - 11（第01 版）.

［99］郑州新郑综合保税区封关仪式隆重举行——郭庚茂于广洲魏传忠郭台铭分别致辞［N］. 河南日报，2011 - 11 - 5（第 01 版）.

［100］郑州航空港经济综合实验区（郑州新郑综合保税区）管理委员会. 郑州航空港经济综合实验区简介［EB/OL］. http：//www.zzhkgq. gov. cn/Port/jcq/zjgq/A617index. html，2015 - 10 - 6.

［101］王发曾. 一带一路战略重构地域发展格局［N］. 河南日报，2015 - 5 - 29（第 06 版）.

［102］推动共建丝绸之路经济带和 21 世纪海上丝绸之路的愿景与行动.［EB/OL］. http：//news. xinhuanet. com/finance/2015 - 03/28/c_ 1114793986. htm，2015 - 3 - 28.

［103］中国共产党河南省第九届委员会第八次全体会议通过. 河南省全面建成小康社会加快现代化建设战略纲要［N］. 河南日报，2015 - 1 - 5（第 01、03 版）.

［104］河南省人民政府办公厅. 河南省人民政府办公厅关于印发 2013 年河南省商务中心区和特色商业区建设方案的通知（豫政办〔2013〕48 号）［J］. 河南省人民政府公报，2013（16）：31 - 35.

［105］河南省人民政府办公厅. 河南省人民政府办公厅关于印发 2015 年河南省加快商务中心区和特色商业区建设专项工作方案的通知（豫政办〔2015〕63 号）［EB/OL］. http：//www. henan. gov. cn/zwgk/system/2015/05/25/010553979. shtml，2015 - 05 - 08.

［106］河南省人民政府办公厅. 河南省人民政府办公厅关于印发 2014 年河南省加快商务中心区和特色商业区建设专项工作方案的通知（豫政办〔2014〕57 号）.［J］. 河南省人民政府公报. 2014（17）：35 - 41.

［107］河南省人民政府办公厅. 河南省人民政府办公厅关于支持商务中心区和特色商业区加快发展的通知（豫政办〔2012〕97 号）［J］. 河南省人民政府公报，2013（3）：37 - 38.

［108］中共河南省委，河南省人民政府．中共河南省委河南省人民政府关于加快城乡一体化示范区建设的指导意见［N］．河南日报，2015－1－28（第19版）．

［109］河南省产业集聚区发展报告课题组．2014年河南产业集聚区发展报告［N］．河南日报，2015－2－14（第9版）；

［110］河南省人民政府．河南省人民政府关于进一步促进产业集聚区发展的指导意见（豫政〔2010〕34号）［J］．河南省人民政府公报，2010（12）：5－9．

［111］高霞．河南省现代产业体系发展建构研究［J］．安徽商贸职业技术学院学报，2014，13（1）：26－29．

［112］刘晓萍．加快推进河南现代市场体系建设［N］．河南日报，2014－12－5（第5版）．

［113］河南省政府研究室课题组．加快推进我省现代市场体系建设［N］．河南日报，2014－12－17（第5版）．

后 记

2011年10月7日，中央电视台《新闻联播》节目头条播放了《国务院关于支持河南省加快建设中原经济区的指导意见》正式颁发的消息，一个难忘的日子，一个令中原儿女欢呼雀跃的日子。2015年10月7日，《中原经济区建设热点问题解读》即将付梓，一个令课题组成员幸福的日子，一个见证了中原经济区成长四年的日子。

河南大学环境与规划学院“城市—区域综合发展”学术团队长期致力于中原地区的城市体系、城镇化研究，结合中原经济区建设实践，参与编写了《新型城镇化引领三化协调科学发展》《中原经济区科学发展研究》等著作，撰写了《中原经济区新型城镇化之路》《中原经济区三化协调之路》《中原经济区城市体系空间组织》等一系列论文。在见证中原经济区成长的过程中，城市—区域研究团队获批河南省社会科学普及项目《中原经济区建设热点问题解读》（立项号：075），为我们进一步深入研究中原经济区建设问题提供了强大的动力支持，也激励着我们继续为实现中原崛起、河南振兴、富民强省的建设目标不断奋斗！

尽管任务很紧，时间也不充裕，本书作者还是按照《中原经济区建设热点问题解读》项目的要求展开研究，奋力完成撰写任务。这是因为，首先，普及中原经济区建设的热点问题，是中原学者义不容辞的义务，是时代赋予我们的光荣使命；其次，河南大学环境与规划学院“城市—区域综合发展”学术团队具有深厚的学术积累，有信心按时完成任务；最后，团队成员既有获得“中原经济区特别贡献奖”的资深专家，又有致力于中原经济区研究的专业学者，能做到专业深度与普及广度的较好结合。

本书的研究思路为：首先，在解读中原经济区基本知识的同时，普及普通民众对中原、中原地区、中原经济区相关概念内涵的理解；其次，解读中原经济区战略的形成过程，普及普通民众对中原经济区的建设历程、格局定位、战略高度的理解；再次，从中原经济区建设的关键问题着手，解读中原经济区粮食核心区建设、产业结构调整、核心增长极培育等战略重点问题；最后，结合当前中原经济区建设的热点问题，解读中原经济区建设的空间布局、核心增长板块建设、现代化建设、郑州航空港经济综合实验区建设、“一带一路”建设、“一个载体、四个体系”建设等热点问题。

本书的结构和作者分工也按此展开：第一章为中原经济区的由来和范围，丁志伟负责；第二章为中原经济区战略的形成，丁志伟负责；第三章为中原经济区的战略高度——省之大计、国之方略，王发曾、丁志伟负责；第四章为中原经济区建设的格局定位，王发曾、丁志伟负责；第五章为中原经济区建设之关键问题，丁志伟、张改素负责；第六章为中原经济区建设之空间布局，丁志伟负责；第七章为中原经济区建设之核心增长板块，刘静玉、丁志伟负责；第八章为中原经济区之现代化建设，丁志伟负责；第九章为中原经济区建设之郑州航空港经济综合实验区，毛达负责；第十章为中原经济区建设之“一带一路”建设，王发曾负责；第十一章为中原经济区建设之“一个载体、四个体系”，毛达、丁志伟、王发曾负责。

在写作的过程中，要特别感谢闫峻、秦耀辰、朱连奇、周志民等河南大学环境与规划学院领导对本书的高度关注，感谢河南大学环境与规划学院徐晓霞、闫卫阳、赵威、鲁丰先等老师对本书的关心和指导，感谢河南大学环境与规划学院资料室陈蜀园、蒋引娣老师提供了研究所必须的部分文献资料。在此向所有关心并帮助我们的专家、领导一并表示诚挚的感谢！

本书的出版获得了教育部高校环境与规划示范教学中心建设经费的支持，得到了中原经济“三化”协调发展河南省协同创新中心的支持，在此表示感谢！

中国经济出版社的丁楠编辑为本书的出版发行付出了辛勤的劳动，

在此深表谢意。

按照河南省社会科学普及项目的要求，按照普适性、生动性的语言特点和图文并茂的要求，本书作者对中原经济区建设的热点问题进行了解读，以期让关注中原地区发展的普通民众更深刻的了解中原经济区建设的相关内容，为中原崛起、河南振兴、富民强省贡献我们的一点力量。我们尽力了。但由于水平所限，我们的眼界还不够高远，认识还不够深刻，书中难免有不尽人意之处，甚至有谬误之处。恳请读者不吝赐教，谢谢！

丁志伟

2015 年 10 月 7 日

河南大学环境与规划学院城市与区域研究室